Ernst Goll
Eine Nachlese

Herausgegeben von Christian Teissl

Veröffentlichungen der Steiermärkischen Landesbibliothek

Band 39

Ernst Goll
Eine Nachlese

Herausgegeben von
Christian Teissl

 Veröffentlichungen der Steiermärkischen
Landesbibliothek, Band 39

Bildnachweis

Wenn nicht anders angegeben, stammen alle Bilder aus der Steiermärkischen Landesbibliothek.

Impressum

Veröffentlichungen der Steiermärkischen Landesbibliothek, Bd. 39
ISBN: 978-3-9503989-1-5
© Amt der Steiermärkischen Landesregierung,
A9 Kulturabteilung, Referat Steiermärkische Landesbibliothek
Graz 2015
Sämtliche Rechte vorbehalten

Lektorat: Christine Wiesenhofer
Layout und Umschlag: Ernestine Kulmer/studio bleifrei, Graz
Druck und Bindung: Birografika Bori, Ljubljana, Slowenien

Inhaltsverzeichnis

Vorwort	6
Einleitung	8
Danksagung	11
Editorische Notiz	12
„Schreib bald Deinem Ernst"	
Kartengrüße aus den Jahren 1907 bis 1909	15
„In trautem Verein"	
Anlässe und Jahreszeiten	49
„Da wurde es Ereignis ..."	
Golls Versuche als Theaterkritiker	93
Vorspiel im Rittersaal	94
I. Akt: Des Ritters Wahn	110
II. Akt: Ihr naht euch wieder, Schwankgestalten!	129
III. Akt: Sturm und Drang	139
Epilog im Feuilleton	153
Editorischer Anhang	159

Vorwort

Im Frühjahr 2014, kurz nach meinem Amtsantritt als Leiterin der Steiermärkischen Landesbibliothek, präsentierte mir der Grazer Autor Christian Teissl seinen Band „Im bitteren Menschenland", das gesammelte Werk von Ernst Goll, das er 2012 im Igel-Verlag herausgegeben hatte. Ich fand es schade, dass dieses Werk nicht in der wissenschaftlichen Reihe der Landesbibliothek erschienen ist, ist der Goll-Nachlass doch im Besitz des Hauses. Teissl versicherte mir, dass auch Texte abseits von Golls Lyrik würdig wären, publiziert zu werden, da Golls Versuche als Theaterkritiker zum Beispiel einen Einblick ins damalige Grazer Kulturleben böten – Band 39 der „Veröffentlichungen der Steiermärkischen Landesbibliothek" war geboren.

Es ist der Akribie Christian Teissls zu verdanken, dass nun neben dem poetischen Werk Ernst Golls auch zentrale literarische Lebenszeugnisse originalgetreu vorliegen und für eine weitere wissenschaftliche Auseinandersetzung, etwa einer Biographie, zur Verfügung stehen.

Seitens der Landesbibliothek wurde Christian Teissl von Susanne Eichtinger, Elisabeth Kähling und Christine Wiesenhofer unterstützt – den drei Kolleginnen gilt mein besonderer Dank!

Mag. Katharina Kocher-Lichem
Leiterin der Steiermärkischen Landesbibliothek

„Ich werde morgen nach 7 Uhr den bestimmten Weg zum Tennis gehn ..."
Ernst Goll im Jahr 1908.

Einleitung

Jedes Werk hat seine Wirkungsgeschichte. Jene von Ernst Goll präsentiert sich bei eingehender Betrachtung als ein langer Reigen unerfüllter Hoffnungen, vergeblicher Bemühungen und versäumter Gelegenheiten:
Im Mai 1910 empfahl Robert Michel (1876–1957)[1], ein Novellist und Romancier aus dem Umkreis Hugo von Hofmannsthals, fünf junge Grazer Autoren, unter ihnen den 23-jährigen Ernst Goll, dem soeben gegründeten Innsbrucker *Brenner*. Die Empfehlung blieb folgenlos, Golls Gedichte fanden nicht den Weg in diese viel beachtete Zeitschrift, die bis heute untrennbar mit dem Namen Georg Trakl verbunden ist. Wäre Goll wie sein gleichaltriger Kollege zum *Brenner*-Autor geworden, es gäbe wohl längst Hochschularbeiten über sein Werk. So aber ist die universitäre Germanistik stets an ihm vorübergegangen.
Das knappe Dutzend Gedichte, das zu seinen Lebzeiten im Druck erschienen ist, steht in keiner Bibliographie verzeichnet, findet sich in keinem Gedenkartikel erwähnt. Nach langer Suche entdeckte ich sie nach und nach in den Zeitungsspalten der Grazer *Tagespost* von 1911; dort bereitete ihnen Chefredakteur Ernst Decsey, damals in Graz eine kulturelle Instanz, eine denkbar freundliche Aufnahme. Nach dem Freitod Golls legte Decsey seinem damaligen Berliner Verleger Schuster & Löffler eine Buchausgabe des

---

[1] Eine Biographie Robert Michels, verfasst von Riccardo Concetti, erscheint demnächst im Wiener Praesens-Verlag. Von seinem Grazer Aufenthalt zwischen Herbst 1909 und Sommer 1910 sind insgesamt 15 Briefe Robert Michels an Ludwig von Ficker, den Gründer und Herausgeber des *Brenner*, erhalten; sie finden sich unter den Signaturen 31/41 bis 31/43 im Innsbrucker *Brenner*-Archiv. Der letzte Grazer Brief, vom 28. Mai 1910, enthält besagte Empfehlung.

poetischen Nachlasses nahe.² Julius Franz Schütz jedoch, den Goll testamentarisch zu seinem literarischen Nachlassverwalter bestimmt hatte, stand bereits mit einem anderen Berliner Verlag in Kontakt: mit Egon Fleischel. Golls Werk fand dort eine gute Heimstatt, doch nur auf Zeit, nicht auf Dauer: Im Zuge der Inflation nach Ende des Ersten Weltkriegs ging der Fleischel-Verlag zugrunde.

In der Folgezeit, insbesondere aber im Dritten Reich wurde Ernst Goll auf das Maß eines steirischen Klassikers zurechtgestutzt. Paul Anton Keller, steirischer Literaturfunktionär des Regimes, beanspruchte die Deutungshoheit über das Werk.

In den Jahrzehnten nach 1945 war Ernst Goll nur noch eine ferne Legende, ein steirischer Dichtermythos. Sein Werk war bereits vom Buchmarkt verschwunden, als der Grazer Germanist Hubert Fussy (1918–2003) sich seiner annahm. Er betrieb als Erster biographische Spurensicherung, befragte Zeitzeugen und plante spätestens ab 1972 eine Werkausgabe, unter Verwendung bis dahin unbekannten Materials. Eine Verlags- und eine Subventionszusage waren vorhanden – das Buch ist dennoch nicht erschienen, aus unbekannten Gründen. Stattdessen gab der Innsbrucker Ordinarius für Germanistik, Eugen Thurnher, 1982 eine Neuausgabe heraus, die nicht viel mehr zu bieten hat als die bekannten Texte nebst einer dürftigen biographischen Skizze: wieder eine versäumte Gelegenheit für einen Neuanfang.

In seiner ehemals untersteirischen Heimat Slovenj Gradec indessen war Goll als deutschsprachiger Dichter jahre- und jahrzehntelang tabu, von einem Mantel des Schweigens umhüllt; trotzdem fanden sich bereits in den späten 1960er Jahren, als hierzulande die Landsmannschaft der heimat-

---

[2] Das erwähnt Decsey selbst in einem Brief an Peter Rosegger vom 26. September 1912, in dem er ausführlich auf Ernst Goll zu sprechen kommt. NL Rosegger, Stmk. LB.

vertriebenen Deutsch-Untersteirer Golls Werk für sich reklamierte und in ihrer Vereinszeitschrift regelmäßig Goll-Verse druckte, jenseits der Grenze slowenische Stimmen, die das Schweigen brachen, so Tone Sušnik und Bruno Hartman. Sie bereiteten den Boden auf für die erste und bislang einzige zweisprachige Ausgabe, die 1997, zum 110. Geburtstag des Dichters, in Slovenj Gradec erschien, ein von Vinko Ošlak zusammengestellter, reich bebilderter Auswahlband.

Auf Vollständigkeit bedacht war hingegen die Edition, die ich zum 100. Todestag des Dichters 2012 im Hamburger Igel-Verlag herausgebracht habe. Mein Bemühen war es, zu den Quellen zurückzugehen; zu den Quellen, das heißt in diesem Fall: zu den Handschriften, zum Nachlass des Dichters in der Steiermärkischen Landesbibliothek.[3] Aus einer Vielzahl von Gründen war es mir jedoch nicht möglich, sämtliche Manuskripte, die dieser Nachlass enthält, zu berücksichtigen; einige Texte blieben unveröffentlicht zurück, weiteres Material kam seither unverhofft hinzu.

Was ich in meiner „großen" Ausgabe allen an Ernst Goll Interessierten schuldig geblieben bin, wird in der vorliegenden Publikation nachgereicht. Man erwarte sich von ihr keinen „neuen Goll" und keine literarischen Sensationen, wohl aber den einen und anderen Aufschluss über die Persönlichkeit des Dichters und über die verschiedenen Milieus, in denen er sich bewegte.

Bis auf zwei Arbeiten zum Theater, die bereits veröffentlicht wurden – der eine noch vom Autor selbst, die andere im Jahr 1979 von Goll-Forscher Hubert Fussy – erscheinen

---

[3] Golls Nachlass ist seit 1941 im Besitz der Steiermärkischen Landesbibliothek: „Von bemerkenswerten Handschriftensammlungen wurde der Nachlass Ernst Goll übernommen", heißt es im Jahresbericht 1941/42, S. 6.

alle Texte hier zum ersten Mal im Druck: als Bausteine zu einer noch ungeschriebenen Biographie.[4]

Danksagung

Eine Reihe von Personen haben mich in meinen Bemühungen und Recherchen nachhaltig unterstützt; allen voran seien genannt: Herr Dr. Andreas Golob vom Universitätsarchiv der Karl-Franzens-Universität – ihm verdanke ich eine Fülle wertvoller Informationen zu Ernst Golls Studienkollegen –, Herr Dr. Gernot Obersteiner vom Steiermärkischen Landesarchiv – ohne seine Expertise wäre es mir nicht gelungen, die Identität einer mit Goll befreundeten Familie zu ermitteln – und, nicht zuletzt, Herr Mag. Peter Schintler vom Grazer Stadtarchiv, der meine zahlreichen Personenanfragen stets geduldig zu beantworten weiß.

Mein besonderer Dank gilt den Mitarbeiterinnen und Mitarbeitern der Steiermärkischen Landesbibliothek für die freundliche Aufnahme, die sie mir in all den Jahren bereitet haben.

Christian Teissl

---

[4] Zwei weitere dichterische Arbeiten Ernst Golls, die weder im Rahmen der „Gesammelten Werke" von 2012 noch in irgendeiner früheren Ausgabe Berücksichtigung fanden, sind ein Märchen in Prosa und das Gedicht „Bei der Wahrsagerin" vom Mai 1912. Das Märchen ist seit Kurzem in zeilengetreuer Transkription online nachzulesen, auf meinem Goll-Blog: http://www.christianteissl.at/index.php?cat=%C3%9Cber%20Ernst%20Goll&page=Ernst%20Goll%20als%20M%C3%A4rchenerz%C3%A4hler Das Gedicht findet sich in der Kulturzeitschrift „ODSVANJA" Nr. 93/94, Sommer 2014, faksimiliert, im Rahmen meines Beitrags „Prvi in zadnji verzi Ernsta Golla", ins Slowenische übertragen von Jelka Samec Sekeres.

Editorische Notiz

Das Gros der hier versammelten und kommentierten Schriften Ernst Golls hat nicht Werk-, sondern Werkstattcharakter: Bei der Mehrzahl der Textzeugen handelt es sich nicht um elaborierte Endfassungen, sondern um Erstniederschriften. Ihre Textgestalt so authentisch wie nur irgend möglich wiederzugeben, mit allen Streichungen und Einschüben, gelegentlichen Lücken und Revisionen, ist das erklärte Ziel der vorliegenden Publikation.

Auf eine leichte Lesbarkeit wurde bewusst verzichtet, der Prozess des Schreibens, der sich in seiner ganzen Dynamik im Schriftbild der Originalmanuskripte manifestiert, sollte nicht verschleiert, sondern sichtbar gehalten werden. Lediglich einige wenige offenkundige Schreibfehler des Autors wurden beseitigt und im editorischen Anhang vermerkt.

Alle Texte sind konsequent in zeilengetreuer Transkription wiedergegeben; Seitenumbrüche im Manuskript werden durch eine Seitenzahl in eckigen Klammern angezeigt.

Zeichen und Siglen:

xxxxxx   vom Autor verworfene Formulierungen
\<xxxx\>   vom Autor in einem späteren Arbeitsgang eingefügte Worte und Wendungen, oftmals über die Zeile oder neben eine durchgestrichene Formulierung gesetzt
\<........\> Lücken im Text
//........//   Randnotizen des Autors
[xxxxxx] Hinzufügungen vom Herausgeber, meist Interpunktionszeichen oder Seitenzahlen

V   Vorderseite
R   Rückseite

Zum Stellenkommentar:

Wird ein Name, ein Begriff kommentiert, so werden stets seine Koordinaten im Originalmanuskript angegeben, nach dem Muster **x, y** (x = **Seite**, y = **Zeile im Manuskript**).

Gedichte Ernst Golls werden nach der Ausgabe von 2012 zitiert, mit der Sigle GW und der Seitenangabe.

„Schreib bald Deinem Ernst"

*Kartengrüße
aus den Jahren 1907 bis 1909*

Wie weit lag das alles zurück: seine Postkarten von unterwegs und ihr ungeduldiges Warten auf Nachricht; die heimlichen Verabredungen und Zusammenkünfte, damals, als sie noch das „Fräulein Peperl" war und er der „Herr Nestl"...[5] Längst lag das Bild des blonden Jünglings mit den weichen Gesichtszügen und dem Zwicker auf der Nase unter einem Berg von Erinnerungen begraben; längst war der Klang seiner Stimme im Lärm all der Jahre seither, der Kriegs- und Friedensjahre, untergegangen, unwiederbringlich.

Nun aber, im Frühjahr 1967, war plötzlich wieder von ihm die Rede, des Langen und Breiten, im Rundfunk. In der Sendereihe „Steirische Heimat" – die alte Dame hörte sie regelmäßig – sprach ein ausgewiesener Fachmann, Deutschprofessor an einem Grazer Gymnasium, über „das Leben des südsteirischen Dichters Ernst Goll", der in diesem Frühjahr 80 Jahre alt geworden wäre.[6] Und mit einem Mal steht seine Gestalt wieder lebendig vor ihr, diese schmächtige Gestalt, stets leicht nach vorne geneigt, wird ihr schmerzlich bewusst, dass es zwischen ihnen seinerzeit keinen Abschied gegeben hat, kein letztes Adieu. Eine sommerliche Grußkarte „in alter Treue" war das letzte Lebenszeichen gewesen. In einem anderen Sommer dann, nur wenige Jahre später, kam die Nachricht, er habe sich aus dem Fenster gestürzt, vom zweiten Stock der Universität. Erst konnte sie es gar nicht fassen, bis sie vom Hörensagen durch gemeinsame Bekannte Näheres erfuhr. In der Zeitung las sie damals einen Bericht von seinem Begräbnis. Im Familiengrab war er beigesetzt worden. Wenige Jahre später lag dieses Grab bereits in einem anderen Land, im Königreich Jugoslawien ...

---

[5] Erläuterungen siehe editorischer Anhang, S. 160.
[6] Gemeint ist Hubert Fussy; die Titel seiner beiden Radiovorträge lauten „Es war kein Engel da" und „Schönheitslobgesang und einer Sehnsucht bittende Gebärde"; die Sendetermine waren der 9. und der 16. März 1967.

Nie ist sie dort gewesen, damals nicht und später nicht. Wie ein Versäumnis kommt ihr das jetzt vor, während sie den Sprecher im Radio Nestls „Grabschrift" rezitieren hört: „Gebt mir nicht Tränen, gebt mir kein Gebet / Es führt kein Weg zu meinem kühlen Herzen …"

Vielleicht aber, sagt sie sich, führt noch ein Weg dort hinunter, in seine Heimat nach Slovenj Gradec, das alte Windischgraz. Nach langem Bitten und Fragen findet sich im Sommer desselben Jahres jemand aus ihrer Verwandtschaft bereit, sie im Auto hinzubringen. Nicht um den Ort zu sehen, wo er aufgewachsen ist, unternimmt sie diese Reise, nur um sein Grab zu besuchen. Mit einiger Mühe lässt es sich ausfindig machen:

„Der alte Friedhof vor der Stadt ist arg verwüstet. Eingestürzte Mauern, umgeworfene Grabsteine, zerbrochene Gitter. Hier wird niemand mehr bestattet. In der einstigen Totengräberwohnung hausen zwei alte Leute. Ihre Wäsche hängt in der entsetzlich verschmutzten Totenkammer, deren Fensterscheiben ausnahmslos zertrümmert sind.

Nur ein paar Gräber lassen noch erkennen, daß sie – vielleicht auch nur einmal im Jahr – eine liebevolle Hand betreut. So auch die Ruhestätte der Familie Goll. Auch hier blättert bereits das dünne Gold aus den Kerben des schwarzen Marmorsteins, die in deutscher Inschrift und mit der Koseform seines Namens – ‚Nestl' – das Grab des Dichters kennzeichnen, den die Steiermark den ihren nennt."[7]

Ihren Begleiter bittet die alte Dame, das Grab zu fotografieren: So entstehen mehrere Schwarz-Weiß-Aufnahmen.

---

[7] Alfred Seebacher-Mesaritsch: Ernst Goll – Die Liebe hat ihn nicht gerettet. In: *Neue Zeit* vom 12. Mai 1973 (Wochenendbeilage, Seite XI).

Wieder daheim, holt sie das gut verschnürte Bündel mit Postkarten, das so viele Jahre lang weggesperrt war, wieder hervor und ordnet sie alle, Stück um Stück, fein säuberlich in eine eigens dafür angeschaffte Mappe, ergänzt um die Fotos von seinem Grab. Dann schreibt sie auf einen Zettel die Worte:

In Memoriam
Ernest Goll
geb.: 14. März 1887
zu Windisch-Graz
gest.: 13. Juli 1912
zu Graz, Universität.

Der Zettel kommt als Titelblatt in die Mappe – das Werk ist vollbracht. Sie blättert darin, betrachtet die Ansichten von Graz und vom Meer, die Schriftzüge des Toten: Grüße aus nah und fern, Lebenszeichen von unterwegs, Etappen auf einem Weg, der nur wenig später zu Ende war.

K 1) *Correspondenz-Karte*
V: Hilmteich, kolorierte Ansicht
R: [undatiert; Poststempel vom 11. VI. 1907]
>   Herzliche Grüße von
>   Ihrem geliebten
>   Hilmteich – diesmal
>   leider ohne Sie
>   Ernst Goll

K 2) *Correspondenz-Karte*
V: Graz – Uhrturm (koloriertes Foto)
R:
>   Ihr lieber Schloßbergturm
>   mag Ihnen heut von
>   mir die allerherzlichsten
>   Grüße sagen – vergessen
>   Sie nicht auf morgen und
>   Ihren
>   Ernst Goll

13./6. 07

K 3) *Correspondenz-Karte*
V: Graz – Murenge (koloriertes Foto)
R: [undatiert, wohl Sommer 1907]
>   Ganz nahe bei
>   Ihnen sendet noch
>   einmal tausend Grüße
>   Ernst Goll

eine weitere Unterschrift: Göring [= Marburger Freund von E. G.]
Nachsatz: Heil der Hanni!

K 4) *Postkarte*
V: Bad Neuhaus/Stmk. (s/w-Foto)
R: [undatiert, wohl Frühherbst 1907]

    Herzlich Dank für
    die Herbstmesskarte
    und tausend Grüße
    – auf baldiges Wieder=
    sehn in Graz
          Ernst Goll

K 5) *Postkarte*
V: Blumenmotiv
R:
    für heute abend
    geladen, kann
   leider nicht kommen,
   schreiben Sie bitte
   noch heute, wann
   Sie morgen Zeit für
   mich übrig haben.
        Heil u. Grüße
        Ernst Goll

15. 6. 07

K 6) *Postkarte*
V: Mädchenmotiv
R:

31. 10. 07

Bin seit einigen Tagen
erst hier und sende
viele, viele Grüße.
Kann man Sie ein=
mal sehen?

In Treue
Ernst Goll

K 7) *Postkarte*
V: Fröhliche Weihnachten
R:

                Viele herzliche Weih=
                nachtsgrüße – Christ=
                kind möchte brav sein
                                                  Ernst Goll
WindGraz, 23. 12. 07

K 8) *Postkarte*
V: Ein frohes neues Jahr
R:

                    Die allerbesten u.
                    innigsten Wünsche
                        für 1908
                                      In Treuen
                                      Ernst Goll
WGraz, 31. 12. 07

K 9) *Postkarte*
V: Windischgraz (s/w-Foto)
R:

> 18. 1. 08
> Herzlich Dank für
> die lieben Na-
> menstagswünsche
> und viele, viele
> Grüße – ich komme
> Montag nach Graz
>
> Nestl Goll

K 10) *Correspondenz-Karte*
V: Graz – Totale mit Leonhardt v. Schloßberg aus
R:

> Graz, 21. 2. 08
> Liebe Peperl!
> Heinz hat eben Hansi
> geschrieben, suche mit ihr
> zu sprechen und schreib
> mir gleich wegen des
> Besprochenen, aber
> noch so, daß ich Sonntag
> vormittag Antwort habe.
> Mit herzlichen Grüßen
> auf frohes Wiedersehen
>
> Dein Ernst

POSTKARTE — DOPISNICE — KORRESPONDENZ-KARTE — CARTO
POSTALE — KARTA KORESPONDENCYJNA — KORESPONDENČNI L
— DOPISNICA

Komme in
diesen Tagen u.
kann mich dort
nicht einrichten.
Viele herzliche
Grüße
            Peppya
15. 6. 08.

H.

Peperl Koch
Graz
Maronigasse 82.

Kartengruß aus Windischgraz vom 15. Juni 1908 (siehe K 24).

K 11) *Postkarte*
V: Frühlingsmotiv
R:

> Leider kaum möglich,
> da ich von 4–5 Französin
> habe. Kannst Du um ½ 7
> an der bewußten Ecke
> sein – wenn nicht, schreibe
> ausführlich bis morgen.
> Mit vielen Grüßen,
>
> Ernst

22. 2. 08

K 12) *[Kunstpostkarte]*
V: Stimmungsbilder vom Gardasee
(Cypressen-Allee bei Salò)
R:

> 28. 2. 08
> Verzeih, konnte leider
> nicht kommen,
> werde dir schon schrei=
> ben[,] wenn ich Zeit habe.
> Herzliche Grüße,
> Ernst Goll

K 13) *Postkarte*
V: Rokoko-Motiv (s/w-Foto)
R:

> Herzliche Grüße – was
> Süßes folgt, wenn
> wir uns wiedersehn.
>
> Ernst Goll

6. 3. 08

K 14) *Postkarte*
V: Mädchenmotiv (s/w-Foto)
R:
          Nachträgliche, doch nicht
          minder herzliche Glück=
          wünsche zum Geburts=
          tage!
                    Mit vielen Grüßen
                    Ernst Goll
6. 3. 08

K 15) *Korrespondenzkarte*
V: Graz – Hilmteich (s/w)
R:
7. 3. 08
          Heute leider un=
          möglich, da Windisch=
          grazer hier. Morgen
          nachmittag hab
          ich bis 4 Uhr Zeit.
          Mit Kalmann
          werde ich heute reden[.]
          Viele, viele Grüße
                    Ernst Goll
          Schreibe gleich!

K 16) *Correspondenz-Karte*
V: Graz – Stadtpark (Litho)
R: [Stempel: 18. III. 08]
          Viele Grüße
                    Ernst
mit zwei weiteren Unterschriften: Pina Koch, Göring
und zwei nicht identifizierbaren Paraphen

K 17) *Künstlerpostkarte*
V: „Im Abendrot"
Ölstudie von Prof. Carl Marr
(aus Velhagen & Klasings Monatsheften)
R:
>
> Tausend innige
> Glückwünsche
> für morgen
> von deinem
>
> Ernst Goll

Graz, 18. 3. 08

K 18) *Künstlerpostkarte*
V: „Abendstimmung",
Gemälde von P.W. Keller-Reutlingen
(aus Velhagen & Klasings Monatsheften)
R:

>   20. 3. 08
> Verzeih, liebe Peperl,
> daß ich mein Verspre=
> chen nicht gehalten
> habe. Mich quält heute
> wieder der dumme
> Zahn – trotz Arsenik
> und Plombe. –
> Mit vielen Grüßen
> bleibe ich dein
>
> Ernst Goll

K 19) *Korrespondenzkarte*
V: Vignette des Deutschen Schulvereins
R:
>>> Leider unmöglich,
>>> da von ½ 4 Uhr
>>> an Französin
>>> bei mir ist.
>>>> Herzlichst,
>>>> EGoll

WGraz, 26. 3. 08

K 20) *Postkarte*
V: Frauenportrait (koloriertes Foto)
R:
>>> Herzlich Dank und
>>> wieder viele Oster=
>>> grüße
>>>> Ernst Goll

18. 4. 08

K 21) *Correspondenz-Karte*
V: Graz, Universität (s/w-Foto)
R:
>>> Liebe Pepi! Ich werde
>>> morgen nach 7 Uhr den
>>> bestimmten Weg zum
>>> Tennis gehn und hoffe dich
>>> zu treffen. Mit vielen Grüßen
>>>> Dein Ernst

29. 5. 08

K 22) *Korrespondenz-Karte*
V: Graz, Herrengasse (s/w-Foto)
R: [undatiert; Poststempel: 2 VI. 08]

     Liebe Pepi!
    Entschuldige, daß
   ich dich heute warten
   lasse. Habe, als es
   so schlimm aussah
   und ich fürchtete, daß
    es regnen würde,
    mir eine Theater=
    karte geholt.
    Herzliche Grüße,
          Ernst

K 23) *Postkarte*
V: Landschaftsmotiv: Tutzing am Starnbergersee, Gemälde
R:
    Liebe Pepi! Kannst
    du heute um ½ 9
    an der bestimmten
    Stelle sein. Ich habe
    Zeit, vielleicht machst
    du dich frei.
    Herzlich Grüße Ernst
3. 6. 08

K 24) *Postkarte*
V: s/w Foto: Ernst Goll in Dandy-Pose
am unteren Rand stehen in der Handschrift des Dichters
die Worte:
Stellung 1908/
Natürlich untauglich
R:
>Komme in
>diesen Tagen u.
>freue mich sehr
>aufs Wiedersehn.
>Viele herzliche
>Grüße
>   Ernst Goll

15. 6. 08

K 25) *Korrespondenz-Karte*
V: Graz – Universität (s/w-Foto)
R:
>Seit gestern 4 Uhr hier. –
>Kannst Du Dich heute
>freimachen und um
>½ 9 an bestimmter Stelle
>warten? Viele Grüße
>   Ernst Goll

23. 6. 08

„Stellung 1908/
Natürlich untauglich"
(Vorderseite von K 24; Stmk. LB, Hs. 1275.)

K 26) *Correspondenz-Karte*
V: Graz – Totale mit Leonhardt v. Schloßberg aus
R:
>Liebe Peperl! Bitte
>komme heute, wenns
>nicht regnet, bestimmt
>um ½ 9 Uhr zu unsrer
>Ecke. Aber bitte, bitte
>ohne … Du weißt ja!
>Viele Grüße,
>
>Ernst Goll

27. 6. 08

K 27) *Postkarte*
V: Technische Hochschule, Graz (koloriertes Foto)
R:
>Gezwungen, rasch
>fortzufahren, tut
>es mir schrecklich
>leid, dir so Adieu
>sagen zu müssen.
>Von daheim schreib
>ich ausführlich.
>Viele, viele Grüße,
>
>Ernst

4. 7. 08

K 28) *Postkarte*
V: Südmark-Motiv (Lithographie mit dem Motto:
„Den Brüdern im bedrohten Land /
Warmfühlendes Herz, hilfreiche Hand.")
R:
                    Viele herzliche Grüße
                    und Dank für die
                    Karte! Schreib bald
                                      Deinem
                                      Ernst
13. 7. 08

K 29) *Correspondenz-Karte*
V: Rohitsch-Sauerbrunn, Kurpark (s/w-Foto)
R:
                    Auf einige Tage
                    hier[,] sendet viele
                    Grüße
                                      Ernst
14. 7. 08

K 30) *Post-Karte*
V: Rohitsch-Sauerbrunn, Hotel Erzherzog Johann (s/w-Foto)
R:
                    Viele Grüße,
                                      Ernst
15. 7. 08

K 31) *Post-Karte*
V: Rohitsch-Sauerbrunn, Grazerheim (s/w-Foto)
R:
Ernst
15. 7. 08

K 32) *Post-Karte*
V: Rohitsch-Sauerbrunn, Kursalon (s/w-Foto)
R:
Ernst
15. 7. 08

K 33) *Correspondenz-Karte*
V: Bügerhaus in Rohitsch-Sauerbrunn
(Unbetiteltes s/w-Foto mit eh. Aufschrift „Villa Stoinschegg A.")
[Golls Stiefmutter Antonie war eine geborene Stoinschegg]
R:
Hier die Ansicht
unserer Wohnung
in Sauerbrunn.
Viele Grüße[,]

Ernst
16. 7. 08

K 34) *Correspondenz-Karte*
V: Maria Wörth (s/w-Foto mit Ornamenten)
R:
[undatiert; Poststempel tw. abgeschabt; erkennbar nur die „13", die nachfolgenden Kartengrüße lassen auf den 13. 8. 08 schließen]

>An Bord des „Helios"
>früh zu diesem
>lichten Endchen Welt.
>Tausend Grüße,
>>Ernst

Nachsatz: Adresse wie geschrieben.
drei weitere Unterschriften:
Goll Hans, Heinrich Wastian, Dr. Carl Rebul

K 35) *Postkarte*
V: Seglerparade am Wörthersee (s/w-Foto)
R:
>Herzliche Grüße
>vom schönen Klagen=
>furter Aufenthalt
>>Ernst

14. 8. 08

K 36) *[Postkarte]*
V: Dampfer Neptun am Wörther See (koloriertes Foto)
R:
>Herzlich Heil!
>>Ernst

14. 8. 08

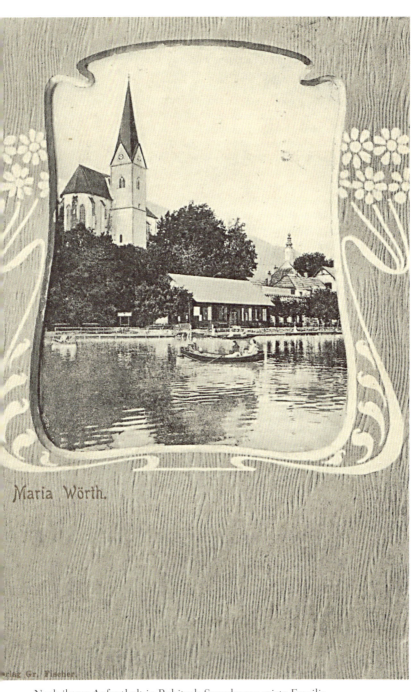

Nach ihrem Aufenthalt in Rohitsch-Sauerbrunn reiste Familie
Goll im Sommer 1908 an den Wörthersee weiter (siehe K 34).

K 37) *Postkarte*
V: Wörthersee mit Dampfer Helios
(koloriertes Foto)
R:
      Innigen Dank für
     die hübsche Photographie,
    die mir große Freude macht.
    Wie gehts immer? Ich werde
     bald mehr schreiben.
         Viele herzliche Grüße...
          Nestl Goll
16. 8. 08

K 38) *Korrespondenzkarte*
V: Neue Pfarrkirche zu Veldes mit Schloß und Insel (Litho)
R: Veldes a. See 17. 8. 08
      Von einer herrlichen
       Tour viele
      herzliche Grüße
          Ernst
weitere Unterschrift: Hans Goll

K 39) *Correspondenz-Karte*
V: „Gruss vom Wörthersee"
(Motiv: Segelschiff auf dem Wasser)
R:
        Herzlichen Dank für
        den lieben Brief.
        Meine Adresse ist
        von übermorgen
        ab wieder Windisch=
        graz. Heil und
          Grüße   Ernst
19. 8. 08

K 40) *Postkarte*
V: Partie aus Hudalukna bei Wöllan (koloriertes Foto)
R: [undatiert, vermutlich Ende August 08]
        Herzlichen Dank und
      viele Grüße! Bald mehr
                  Ernst
zahlreiche Unterschriften unbekannter Persönlichkeiten

K 41) *Postkarte*
V: „Gruss aus der Brauerei Puntigam" (kolorierter Druck)
an den unteren Rand steht mit Bleistift geschrieben:
      bitte, liebes Peperl, schreibe gleich,
        wenn du dich abends freimachen
          kannst! Herzliche Grüße
                      Ernst Goll
R: [Poststempel, tw. abgeschabt]: 8. IX. [wohl 08]

K 42) *Postkarte*
V: Burg-Ruine Schalleg bei Wöllan (Druck)
R:

            23. 9. 08
    Viele herzliche
    Grüße – bin von mor=
    gen ab in Cilli,
    Nikolaiberg, Wein=
    gut Hausbaum
            Nestl

K 43) *[Postkarte]*
V: Blumenmotiv (Naturfarben-Foto)
R:

    Herzlichen Dank und
    ebenso herzliche Oster=
    wünsche. Mit vielen
     Grüßen
            Ernst
Windischgraz 9. 4. 09

K 44) *[Postkarte]*
V: Pirano – Porto – Colle San Nicolo (s/w-Foto),
mit hs. Ergänzung: „Hôtel Riviera"
R:

    Liebe Peperl! bin seit 14
    Tagen zu herrlichem Badeauf=
    enthalt hier und bleibe
    noch diese Woche. Viele
     herzliche Grüsse,
            Ernst
Pirano, 29. 7. 09

K 45) *[Postkarte]*
V: s/w-Foto: Goll mit Tennisschläger
R:
>
> Herzlich Dank für das
> wirklich reizende Bild –
> Kalmann ist bei mir,
> wir sind sehr lustig.
> Ende September komme
> ich nach Graz. Viele
> herzliche Grüsse in alter
>
> > Treue
> > Ernst

25. 8. 09

K 1, Hilmteich: Ein damals wie heute beliebtes Naherholungsgebiet der Grazer Bevölkerung, mit der Straßenbahn stadtauswärts leicht zu erreichen. Der steirische Schriftsteller und Theatermann Alfred Möller – er wird uns im dritten Teil dieses Buches wieder begegnen – reiste anno 1904 für die Kollektion Lorenz, einen Verlag für Touristika, in 20 Tagen durch Steiermark, Kärnten, Krain und das Österreichische Küstenland nach Venedig. Seinen dritten Reisetag lässt er am Hilmteich beginnen: „Man fährt [...] möglichst früh (wenigstens vor 9 Uhr) nach dem Hilmteich und nimmt dort das Frühstück ein (Milch, Eier, Butter, Schokolade empfehlenswerter als der – *zuweilen* – gute Kaffee). Hat man noch wenigstens 3 Stunden vor sich, ehe man zu Mittag zu speisen gedenkt, so sei eine Kahnfahrt auf dem Teich empfohlen. Trotz der Enge des Raumes sind Zusammenstöße mit anderen Schiffen (auch bei dem großen Verkehr an Sonntagnachmittagen) nicht zu fürchten, da die ‚Schinakel' flach gebaut und im Zusammenhang mit den schwerfälligen Rudern nur langsam fortzubewegen sind. Man darf fahren, bis der Wächter am Ufer die Nummer des benützten Schiffes ruft." So ähnlich wird wohl auch Ernst Goll den Hilmteich erlebt haben.

K 3, Göring: Mit einer Marburger Familie dieses Namens war Ernst Goll seit seiner Gymnasialzeit befreundet. Vom Sommer 1910 datiert ein Gedicht, das in der posthumen Erstausgabe seiner Lyrik unter dem Titel „Herrn und Frau G. zur 25. Wiederkehr ihres Hochzeitstages" überliefert ist. In der Originalhandschrift, NL Goll, Hs 460, trägt es noch die Überschrift „Zur silbernen Hochzeitsfeier (H. u. F. Göring)", vgl. dazu GW 118.

K 4, Bad Neuhaus: Heute Dobrna, gilt als das älteste Heilbad Sloweniens.

K 4, Herbstmesskarte: Vom 14. bis 22. September 1907 fand zum zweiten Mal die Grazer Herbstmesse statt.

K 10, Heinz: Heinz Heinrich Kalmann, siehe Anm. zu **K 45**.

K 11 + 19, Französin: Wen Goll damit meint, ist unklar, möglicherweise jemanden, der mit ihm Französisch gelernt hat: Romanistik war neben der Deutschen Philologie sein zweites Studienfach.

Bad Neuhaus (373 m)

Landes - Kuranstalt

Kurhaus mit mehreren Dependancen, in herrlicher, windgeschützter Lage, in der Nähe von prächtigen Laub- und Nadelwäldern. Von der Bahnstation Cilli $1^1/_2$ St. Wagenfahrt. 200 Z., 300 B., prächtiger Kursaal, Lese-, Spiel- und Schreibzimmer, Thermalbäder 37^0 C, Kaltbad, elektrische Bäder, Sand-, Sonnen- und Luftbäder, alle modernen Kurbehelfe, e. L., Automobilomnibus am Bahnhof Cilli, Autogarage. Juni bis August Hochsaison. Kurmusik. Im Mai und September ermäßigte Preise Zimmerpreise von K 1·— bis K 11·50.

Besitzer: Steiermärkische Landschaft.

Bad Neuhaus, Anzeige im Steirischen Verkehrsbuch von 1912.

K 29–33, Rohitsch-Sauerbrunn: Ein unweit von Cilli/Celje gelegener, seinerzeit in der gesamten österreichisch-ungarischen Monarchie bekannter Kurort. Heute trägt der Ort den Namen Rogaška Slatina. „Rohitsch-Sauerbrunn ist nicht nur ein Heilbad von festbegründetem Rufe, sondern auch ein beliebter Sommeraufenthalt. Viele Personen und Familien pflegen hier den ganzen Sommer zuzubringen. Sie genießen da alle Annehmlichkeiten einer Sommerfrische, verbunden mit den Vorzügen eines Kuraufenthalts. Naturfreunden genügt die Zeit ihres Aufenthalts kaum, um alle Spaziergänge und Ausflüge, zu denen die herrliche Umgebung Gelegenheit bietet, zu unternehmen." Dieser Reklametext findet sich im „Steirischen Verkehrsbuch" von 1912, herausgegeben vom Landesverband für Fremdenverkehr und einbegleitet von niemand Geringerem als Peter Rosegger.

K 33, „Villa Stoinschegg": Ernst Golls Stiefmutter Antonie war eine geborene Stoinschegg (der Name wurde später in den Dokumenten ihrer Kinder slowenisch „Stojnšek" geschrieben). Möglicherweise hatte sie Verwandte in Rohitsch-Sauerbrunn, bei denen nun die ganze Familie ihren Rohitscher Urlaub verbrachte.

K 34, Heinrich Wastian: Deutschnationaler Politiker und Schriftsteller (1876–1932), eng mit Ottokar Kernstock verbunden. In welchem Verhältnis der noch weithin unbekannte Goll zu dem um elf Jahre älteren, bereits etablierten Kollegen stand, lässt sich nicht sagen; mehr als eine flüchtige Bekanntschaft dürfte zwischen den beiden wohl nicht bestanden haben, von Wastian jedenfalls, der zur steirischen Literatur seiner Zeit in zahlreichen Feuilletons Stellung nahm, ist keine Reminiszenz an Ernst Goll überliefert.
Carl Rebul: Ein Windischgrazer Freund Ernst Golls. Neben vielen anderen Bürgern der Stadt wird er in der der Rodelhymne (siehe S. 55ff.) liebevoll karikiert.

K 38, Veldes: Das heutige Bled in Slowenien: Am Tag 17 seiner zwanzigtägigen Reise durch Steiermark, Kärnten, Krain und das Österreichische Küstenland macht Alfred Möller auch am „entzückend schönen Veldessee" Station. Er notiert: „Unter dem auf hohem Felsenriff gelegenen Schloss Veldes Badeanstalt. Vom Wasser aus, badend, herrlicher Ausblick. Hotels I. Ranges. Naturheilanstalt Rikli (Lufthütten, Luftbäder, Barfussgehen). Im See auf einer Insel das

Das Feriendomizil der Familie Goll in Rohitsch-Sauerbrunn,
Juli 1908 (siehe K 33).

Kirchlein ‚Maria i. See' mit berühmtem Wunschglöcklein. Was man dort läutend wünscht, geht in Erfüllung. Den ganzen Tag tönt das Glöcklein über den See."

K 38, Hans Goll: Einer von drei Halbbrüdern des Dichters; geboren am 18. Februar 1895 in Windischgraz, gestorben am 23. Oktober 1981 in Graz (letzte Adresse: Graz 4, Rebengasse 17), blieb kinderlos, war von Beruf Architekt (akademischer Grad: Dipl.-Ing.), studierte u. a. bei Professor Friedrich Zotter an der Grazer Technischen Hochschule von 1918 bis 1928, legte am 30. April 1929 die Zweite Staatsprüfung ab. Über seine berufliche Tätigkeit und seinen Verbleib zwischen 1930 und 1945 konnte ich nichts ermitteln; in Graz gemeldet war er jedenfalls wieder ab 1946. Von da an hat er bis zu seinem Tod ohne Unterbrechung in der steirischen Landeshauptstadt gelebt. Der inzwischen verstorbene Grazer Goll-Forscher Hubert Fussy trat in den späten 1960er Jahren mit ihm in Verbindung; an Fussys damaligem Plan einer Goll-Werkausgabe im Styria-Verlag nahm Hans Goll lebhaften Anteil. (Mein Dank gilt Herrn Dr. Bernhard Reismann vom Archiv der Technischen Universität Graz für die Bereitstellung von Hans Golls Studienunterlagen.)

K 40, Wöllan: Heute Velenje, lag zu Golls Zeit an der Staatsbahnstrecke Cilli–Unterdrauburg, nur wenige Haltestellen vor Windischgraz. Das Steirische Verkehrsbuch von 1912 empfiehlt einen Abstecher zum „Bösen Loch", jener Hudalukna bzw. Huda lukna, die auf der Vorderseite dieser Postkarte abgebildet ist.

K 42, Hausbaum: Im Abschiedsbrief an seine Eltern – in seinem Nachlass an der Stmk. LB ist unter der Signatur 457/7 eine Schreibmaschinabschrift erhalten – listet Ernst Goll seine Schulden auf: Einer Frau Jos. Hausbaum, Graz, Merangasse 40, schuldete er zum Zeitpunkt seines Todes 16 Kronen, einem Herrn Franzi Hausbaum unter derselben Adresse 8 Kronen. Es ist anzunehmen, dass diese Familie bzw. ihre untersteirische Verwandtschaft Eigentümerin des hier genannten Weinguts am Nikolaiberg bei Cilli gewesen ist.
Florian Hausbaum heißt übrigens der Protagonist der seinerzeit höchst populären Novelle „Der steirische Weinfuhrmann" von Rudolf Hans Bartsch, erstmals erschienen 1910 in dem Bartsch-Sammelband „Bittersüße Liebesgeschichten". Man darf davon ausgehen, dass

Wöllan, Abbildung im Steirischen Verkehrsbuch von 1912.

Goll diese Novelle ebenso gekannt hat wie die Bartsch-Romane „Zwölf aus der Steiermark" (1908), „Die Haindlkinder" (1909), „Elisabeth Kött" (1909) und „Das deutsche Leid", einen 1911 erschienen Landschafts-Roman über die Untersteiermark. „Von den modernen Schriftstellern machte naturgemäß Bartsch den stärksten Eindruck auf ihn, dessen Werke er seitenlang zitieren konnte", weiß Julius Franz Schütz zu erzählen.[8]

K 45, Kalmann: Heinrich (Heinz) Kalmann, geb. 1888 in Marburg a. d. Drau (heute Maribor), gestorben 1948 in Pörtschach am See/Kärnten, ein Jurist und Kriminologe mit kultureller Ambition. Ob Goll ihn bereits während seiner Marburger Schuljahre (1897–1905) kannte, ist ungewiss; Kalmann gehörte jedenfalls nicht wie Goll zu den Absolventen des dortigen Staatsgymnasiums; er maturierte am damals angesehenen Grazer Privatgymnasium Scholz und begann im Wintersemester 1908/09 ein Studium der Rechte an der Grazer Universität, dem er bis zum Sommer 1912 nachging. Neben Lehrveranstaltungen des juridischen Curriculums hörte er u. a. Vorlesungen des berühmten Grazer Philosophen Meinong. Die Promotion zum Dr. jur. fand jedoch erst viele Jahre später, am 6. Dezember 1924 statt.

Auf Anregung von Ernst Decsey[9], damals Chefredakteur der Grazer *Tagespost,* verfasste Kalmann für die sonntägliche Literaturseite ein Feuilleton über Ernst Goll unter Verwendung einiger damals noch nicht publizierter Gedichte. Es erschien unter dem Titel „Ein junger steirischer Lyriker" in der Ausgabe vom Sonntag, den 17. Juli 1910. Goll revanchierte sich dafür mit den folgenden Versen:

Ein trüber, trüber Sonntag sinkt
Im Abendrot zur Neige,
Ich sitze still – – durch's Zimmer klingt
Heinz Kalmanns Zaubergeige. (GW 185)

---

[8] Julius Franz Schütz: Ernst Goll. Typoskript, NL Schütz, Stmk. LB. 7 Seiten, hier S. 2f. Bei diesem Text handelt es sich um die Langfassung des Vorworts, das Schütz im Herbst 1912 der Erstausgabe von Golls Gedichten vorangestellt hat.

[9] Vgl. dazu den Brief Ernst Decseys an Peter Rosegger vom 26. September 1912, Nachlass Rosegger, Stmk. LB.

Literatur und Kunst.
Ein junger steirischer Lyriker.
Von Heinrich Kalmann, Graz.

Es ist seltsam, wie reich gerade unsere Stadt an Talenten ist. Nicht an solchen, die ihr Selbstlob an die Glocke hängen und in die Welt hinausschreien: „Kennt ihr mich?" — Ich meine, an solchen, die ganz still schaffen, nicht für andere, kaum für sich. Sie schaffen, weil sie eben nicht anders können, weil es ihnen Lebensbedingung ist, was in ihnen zur Reife gedieh, von sich zu geben, wie ein Baum, der seine Früchte nicht länger halten kann.

Von diesen still Schaffenden einer ist der kaum 23jährige Ernst Goll. Er kommt aus dem südsteirischen Rebenlande, aus der Heimatstadt Hugo Wolfs und trägt in sich alle deutsche Gefühlsweite wie dieser, ist intensiv wie dieser und hat in seinen Farben ein weiches, schwermütiges Moll.

In seinen Versen klingt es wider — fein und leicht und rhythmisch: Sie wogen und wiegen wie im Tanz die schlanken, biegsamen Körper der untersteirischen Mädchen. So singen sie zur Freude der Wenigen, die sie kennen. Denn er hat eines mit seinem von ihm tief und gläubig verehrten Landsmann gemein: seine Bescheidenheit, die ihm unbewußt, selbstverständlich ist. Und das kennzeichnet wohl am untrüglichsten den wahren Künstler. Ja nicht einmal die Nächsten seiner Umgebung wissen mehr von seinen Arbeiten, als was ihnen gerade der Zufall in die Hände spielt.

Kindliches Naturempfinden und eine tiefe Seelenkeuschheit klingt aus diesen Zeilen. So finden sich zahlreiche Gedichte, die zahlreiche Stimmungen auswerten. Die Seele des Dichters schwingt von Angst zu Ruhe, von Trotz zu Milde: Keines ist zu lang, jedes begreift in sich eine kleine Welt, die in ein paar Strophen geschlossen ist.

Mit spielender Leichtigkeit entstehen sie, klingend im Rhythmus, natürlich und edel in der Sprache, ungesucht im Reim. Man müßte ihn allein einen Sprach- und Formkünstler nennen, wenn ihm die Impulsivität und das rhythmische Gefühl fehlen würde, über das er in so reichem Maße verfügt.

Natürlich stehen wir hier keineswegs vor einem Vollendeten. Ernst Goll lebt seine Lehrjahre, er ist ein Ringender, der mit Nietzsche von sich sagen kann: Es will etwas laut werden in mir.

Noch nicht lange ist es her, da man über aufstrebende Talente die Achseln gezuckt hat. Die alte Generation war hart und rücksichtslos und das Wort „durchringen" hatte oft einen Klang wie von nachschleifenden Eisenketten. Unser Geschlecht bessert Fehler und Sünden; es fördert den Ringenden und der Kampf nach dem Ziel wird nicht leichter, aber freudvoller gekämpft.

Am 17. Juli 1910 wurde den Lesern der Grazer Tagespost ein junger steirischer Lyriker vorgestellt ...
Quelle: Sammlung Christian Teissl.

„In trautem Verein"

Anlässe und Jahreszeiten

I.

Schneechaos herrschte am Montag, den 5. Februar 1912, in der steirischen Landeshauptstadt. Von einer „Demonstration des Winters" sprach der Grazer *Arbeiterwille* in seiner Abendausgabe:

„Der Winter demonstriert, und zwar hat er heute um halb 4 Uhr angefangen zu demonstrieren. Er will sich nicht spotten lassen, denn der Spötter waren schon zu viele, die den Winter mit einer Geringschätzung behandelten, indem sie behaupteten, daß es heuer gar keinen Winter gebe. Seit halb 4 Uhr schneit es nahezu ohne Unterbrechung, und zwar abwechselnd in kleinen Flocken, und dann tut es wieder so, als ob es Leintücher schneien würde. Die Folgen haben sich bald eingestellt, in den Straßen ist nicht vorwärtszukommen, von Schneearbeitern ist nichts zu sehen ... In den Straßen der Stadt sieht es fürchterlich aus ..."[10]

Auch in anderen Teilen des Landes wollte sich an diesem Tag der Winter nicht spotten lassen: Das ganze Wechselgebiet etwa war binnen kürzester Frist eingeschneit, und aus dem weststeirischen Markt Schwanberg wurde gemeldet: *„Im Tale liegt der Schnee einen halben Meter, auf der Koralpe bis zu einem Meter und darüber."*

Zwei Tage zuvor waren von Schwanberg aus zwei junge Grazer aufgebrochen, um auf Skiern über den Höhenkamm der Koralpe zur Stubalpe zu wandern. Für Sonntagabend wurden sie zurückerwartet, doch kehrten sie nicht wieder, nicht am Montag und auch am Dienstag nicht. Die Zeitungen meldeten sie als vermisst, eine Rettungsexpedition machte

---

[10] *Arbeiterwille* Nr. 34 vom 5. Februar 1912 (Abendausgabe).

sich auf den Weg, alle Bergungsversuche aber blieben vergebens. Einer der Teilnehmer dieser Expedition berichtete einen Monat später darüber:

„Trüb und schwer hingen die Wolken über die föhnige Landschaft, die so einen düsteren Morgengruß bot. Die ernste Arbeit begann. Gespannt lugten wir über die einförmigen Flächen, ob nicht etwa eine Spur oder sonst irgendein Zeichen zu sehen war; der erste hatte die schwerste, anstrengendste Arbeit, das Spurentreten im durchweichten Schnee; wer Skiläufer ist, weiß, was das heißt. Dabei hieß es scharf aufpassen, daß auch wir den rechten Weg einschlagen, denn flach und unausgeprägt sind die Kämme, mit Wald bedeckt und vielfach verzweigt. Karte und Kompaß waren uns treue Helfer."

Einen Tag lang suchen mehrere Gruppen im Gebirge nach den Vermissten; als der Abend dämmert, hat man sie immer noch nicht geborgen:

„,Nichts gefunden?' Diese Frage ging von Lippe zu Lippe; ein kurzes beklommenes Schweigen, dann sagte einer: ,Jetzt gibt es k e i n e n Zweifel mehr; es ist tatsächlich ein Unglück geschehen.' Trockene, aber inhaltsschwere Worte sind es, die zwei hoffnungsvollen Menschen das Leben absprachen."[11]

---

[11] Robert Gatti: Die Expedition im Koralpengebiet auf ihrer Suche. In: *Tagespost* Nr. 67 vom 8. März 1912 (Morgenausgabe).

Zwei hoffnungsvolle Menschen: Theodor Haas und Friedrich Schroll[12], zwei junge Doktoren der Philosophie. Ernst Goll hat sie beide gekannt. Seite an Seite ist er mit ihnen etliche Semester lang im Germanistischen Seminar gesessen, hat sie beide hintereinander die Doktorwürde erlangen sehen, während von seiner germanistischen Dissertation nach wie vor keine einzige Zeile auf dem Papier stand, ihm noch immer ein Thema fehlte. Zwei Weggefährten auf dem „Königszug der Jugend in die Welt" waren ihm abhandengekommen, und so blieb ihm nichts mehr zu tun, als ihnen einen Grabstein zu errichten, ein Denkmal aus Worten und Versen:

---

[12] **Theodor Haas** wurde am 11. November 1888 in Murau geboren, dürfte aber schon als Kind nach Graz gekommen sein – seine Mutter Maria Haas, aus Cilli gebürtig, ist jedenfalls ab 1892 hier gemeldet. Seine Matura legte Haas am II. Staatsgymnasium Graz ab. Vom Wintersemester 1906/07 bis zum Sommersemester 1910 studierte er an der Grazer Karl-Franzens-Universität Germanistik, Anglistik, Vergleichende Sprachwissenschaft. Im Dezember 1910 reichte er seine Dissertation ein, im Februar 1911, ein Jahr bevor er auf der Koralpe tödlich verunglückte, wurde er promoviert. **Friedrich Schroll** stammte aus Mähren, wurde am 11. Oktober 1886 in Fulnek als Sohn des Landgerichtsrats Dr. Anton Schroll geboren. Nach der Matura 1905 am Gymnasium Vidnava leistete er sein Einjährig-Freiwilligenjahr in Opava ab. Das Studium führte ihn nach Graz. Ab dem WS 1906/07 studierte er, wie Ernst Goll, Deutsch und Französisch Lehramt. Am 30. Mai 1911 promovierte er sub auspiciis Imperatoris.
Theodor Haas und Friedrich Schroll waren führende Funktionäre des „Vereines Deutscher Studenten in Graz", einer Studentenverbindung, der auch Golls Dichterfreund Bruno Ertler angehörte. In der „Festschrift zum fünfzigsten Stiftungsfeste" aus dem Jahr 1926 findet sich folgender Passus: „Einen harten Schlag erlitt der Verein im Februar 1912 durch den Tod zweier seiner wertvollsten Bundesbrüder. Dr. Theodor Haas und Dr. Friedrich Schroll verunglückten am 3. Februar 1912 auf einer Schneeschuhpartie im Koralpengebiet. (…) Der furchtbare Schneesturm, der damals herrschte, vereitelte alle Rettungsversuche. Erst im Frühjahr und im Sommer wurden die Leichen von Schroll und Haas gefunden."

Die Skifahrer[13]

Sie schritten auf eilenden Füßen
Die schneeigen Hänge empor,
Ein letztes verhallendes Grüßen
Der Morgenglocken im Ohr.

Dann fielen die Flocken dichter
Und hinter der Nebelwand
Versanken die bunten Lichter
Vom atmenden Menschenland.

Da ritt auf schnaubenden Rossen
Der Tod seine Königsbahn,
Hielt still vor den Fahrtgenossen
Und sah sie schweigend an.

Da riß vor den zitternden Lidern
Der Majaschleier der Zeit,
Da löste von ihren Gliedern
Sich blutend das Menschenkleid.

Nun wohnen sie auf den Firnen,
Von ewigem Glanze umloht,
Und grüßen mit leuchtenden Stirnen
Das heilige Morgenrot. (GW 172)

---

[13] Eine undatierte Reinschrift dieses Gedichts findet sich in Golls Grazer Schreibbuch. NL Goll, Stmk. LB, Hs. 460. Dort steht es zwischen dem Gedicht „Weihnacht" von Dezember 1911 und der „Grabschrift" vom 13. April 1912.

Wie anders dagegen der Winter vier Jahre davor! Von der Nähe des Todes ist noch nichts zu ahnen, das Leben will beim Schopf gepackt sein. Ernst Goll, von seinen Freunden und Verwandten liebevoll „Nestl" gerufen, Student der Germanistik und Romanistik im zweiten Semester, glücklich, der Juristerei entkommen zu sein, verbringt die Weihnachtsferien zuhause in Windischgraz, einem kleinen untersteirischen Städtchen von nicht ganz 1200 Einwohnern. Seine Familie führt dort eine Hotel- und Gastwirtschaft, betreibt außerdem das örtliche Postamt. Kleinstädtisches Bürgertum, gediegen, solid, poesiefern, doch nicht ohne Muße und Müßiggang. An einem kristallklaren Jännertag des Jahres 1908 unternimmt man mit Nachbarn und Freunden eine gemeinsame Rodelpartie. Alle sind sie gekommen: der Zivilingenieur Heinrich Pototschnig und der Apotheker Karl Rebul, der Advokat Dr. Max Kiesewetter mit Gattin, der Sohn des Bürgermeisters Johann Tomschegg und noch etliche andere Bürger von Windischgraz.[14] Hinterher sitzt man in zechender Runde beisammen, und der junge Canditus Nestl, den Schalk im Nacken, holt ein paar Zettel aus seiner Rocktasche, streicht sie glatt und erhebt seine Stimme:

---

[14] Vgl. dazu Untersteirermarks Adressen-Handbuch, Marburg a. d. Drau 1888, S. 90f. und Leuchs Adresbuch aller Länder der Erde, Bd. 16: Steiermark, Kärnten, Krain. Nürnberg 1912, S. 417f.

Rodelhymne[15]

Wo ist die Moral geblieben,
Heiliger Sebastian?
Was wir einst als Kinder trieben,
Fangen nun die Großen an. –

Ohne viele Nasenrümpfe
Weiß nun jeder frohbewegt,
Was für welche Schuh und Strümpfe
diese oder jene trägt.

Ihr, die man die Rodler heißt,
Wehe, wehe, welch' Gebahren!
Beelzebub, der böse Geist[,]
Ist in euch gefahren.

Setzt sich, schwarz und ungeheuer
Auf des Rodels End',
Daß ihr selbst im Fegefeuer
Nicht mehr glücklich bremsen könnt.

In den tiefsten Pfuhl der Hölle
Steuert ihr hinein,
Also büßt dort eure Seele
Und der Rodel obendrein. –

Heia, unsre Schächerseele
Kehrte sich nicht dran,
Hüben in krystallner Helle
Leuchtet uns're Bahn!

---

[15] Näheres zu den Textvarianten im editorischen Anhang, S. 161f.

Rodelhymne

Wo ist die Moral geblieben,
Heiliger Sebastian?
Sollen wir nicht als Kinder trieben,
fangen nun die Frauen an. —

Ihr vielen Nebensünften
Weiß nun jeder frohbewegt,
Was für welche Bäch und Krümmchen
diese oder jene trägt.

Ihr, die wenn die Rodler pfeift
Wahr, wahr, welch Gebaren!
baalgebüßt, der böse Geist
Ist in euch gefahren.

Stürzt sich, schwarz und ungeheuer
Auf das Rodels End,
daß ihr selbst im Fegefeuer
Nicht mehr glücklich brausen könnt.

Beginn der Reinschrift der Rodelhymne.

Seht, da ging der Atem schneller,
Freier ward die Brust,
Seht, da strahlten Augen heller
In verhaltner Lust.

Die noch Zweifel fühlten brennen
Erst vor kurzer Frist
Lernten wonniglich erkennen
Daß der Himmel näher ist.

Nun seh' ich die Tafel prangen
Und den Ofen glühn,
Ach, auf allen, allen Wangen
Wollen Röslein blühn.

Und auf allen, allen Zügen
Will ein Lächeln stehn,
Gab es ja bei dem Vergnügen
Doch so viel zu sehn:

Aus der Bahn, der schönen, glatten
Voll von Sonnenschein
Segelt Pauli in den Schatten
Eines kühlen Walds hinein.

Ward auf ausgefahrner Halde
Allzugroß der Schwung,
Oder lenkte ihn zum Walde
Selige Erinnerung?

Doktor Gotscher, der Halunke[,]
Sinnt verträumt in sich hinein:
Gieng es so in raschem Schwunke
Allsogleich nach Gutenstein!

Doch kein Ausweg läßt sich finden
Darum sink' ich, holde Fee,
Meine Liebe dir zu künden,
Hiero in den weichen Schnee!

Ehpaar Doktor Kiesewettern
Ward ein Rodel zugetragen,
Daher, wo die Welt mit Brettern
Statt mit Gurten ist beschlagen.

Diese Rodeln – laßt euch sagen
fahren unter der Kanone[.]
Lieber als mit solchem Schragen
fahr ich – Hand aufs Herze – ohne.

Rebuls Rodel – spannt die Ohren[! –]
Ist aus einer andern Masse,
Er ward eines Tags geboren
Aus 'nem alten Pilsnerfasse.

Fährt er nun auf diesem Schlitten
Durch die weißverschneite Landschaft,
Wird ein Unterschied gelitten?
Dieses nennt man Wahlverwandtschaft.

Auf dem kleinen Kinderkarren
Den Gradischberg scharf hinunter
Fährt die liebe, gute Schmarren-
Tante Rosa frisch und munter.

Unten findet schnöder Weise
Ihre Fahrt 'ne alte Planke,
Tante Lola liegt im Eise,
Doch es tröstet der Gedanke:

Karikatur aus den Grazer *Fliegenden Blättern*, 6. Jänner 1912.

Lieber sitz ich auf dem weichen
Obzwar etwas kalten Pfuhl,
Statt 11 Kronen zu begleichen
Für den neuen Kirchenstuhl.

Rodeln tut auch hin und wieder
Der Pototschnig Heinrich,
Da schlägt man die Augen nieder,
Zuzusehn ist peinlich.

Kam [s]ein Rodel in der Mitte
Manchmal ins Gehege,
Ging man mit bedachtem Schritte
Sorgsam aus dem Wege.

Doch wenn sich der Rodel nahte
Des Ehpaares Hofmann,
Und man noch zwei Beine hatte
Am Rumpfe ja – so lof man.

Munkeln hörte ich dort drüben:
Rodeln wie die Techt Emilie
Können ohne erst zu üben
Von Natur aus auch schon vielie.

Auf der Bahn von glattem Eise
Seh ich Tiltschis Rodel fliehn,
Ringsumher in weitem Kreise
Hört man Jammermelodien:

Weh, mich faßt ein kalter Graus,
Weh, es schwinden meine Sinne,
Säß ich lieber doch zu Haus
Auf 'ner Singernähmaschine.

Einen Extraweg hinunter
Fährt der Hansl Tomschegg Ski,
Na, es geht ja auch mitunter,
Aber können wird er's nie.

Als der letzte in dem Bunde
Nahet auch noch rodeltoll,
Mit dem liederreichen Munde
Und dem Zwicker Nestl Goll.

Fahrend denkt er voll Plaisire:
Ließe sich doch auch die Muse
Wie der Rodelschlitten hier
Richtig lenken mit dem Fuse. –

Ach, ich seh es[,] rings die meisten
Warten voll geheimem Grimme
Und in Wut geballten Fäusten
Auf das Ende dieser Hymne.

Solch ein Schluß ist äußerst schwirig
Passend schnell herbeizuschleifen,
Darum will ich nur begierig
Nach dem vollen Glase greifen:

Ein Pereat den Todeln,
Die nichts davon verstehn,
Heil allen, die zu rodeln,
Weit in die Berge gehn!

Und Heil vor allen denen,
Die in des Herzens Schacht
Ermessen und erkennen,
Daß Rodeln durstig macht,

Und daß ein guter Braten
Zum guten Wein gehört,
Der wohl und schön geraten
Die Heimatkochkunst ehrt.

Und Heil am Ende der Jugend,
die nimmermehr erschlafft
Und hoch über Sünde und Tugend
Sich neue Bahnen schafft!

Ernst Goll
11.1.08

Str. 13, V. 4, Gutenstein: Heute Ravne na Koroskem, Hauptstadt der slowenischen Region Koroska, unweit von Ernst Golls Geburtsort gelegen.

Str. 19, V. 2, Gradischberg: Bezieht sich wohl auf Dorf und Schloss Gradisch bei Windischgraz, slowenisch Gradišče.

Dem einfachen „Pereat" am Ende dieser „Hymne", die nichts weiter sein will als gereimtes Allotria, steht kein dreifaches „Vivat!" gegenüber, sondern ein dreifaches „Heil!". An der fröhlichen Tafelrunde nehmen schließlich auch Südmärker teil. Ein „Vivat der Jugend!" wollen sie nicht hören, für sie muss es ein „Heil!"-Ruf sein, und der 21-jährige Tischredner – gegen Deutschtümelei alles andere als immun – hält sich an diese Sprachregelung.

Der Verein „Südmark", der 1889 in Graz gegründet worden war, hatte um diese Zeit bereits weite Kreise gezogen, war im deutschsprachigen Provinzbürgertum der Monarchie längst tief verankert. Seinen Statuten nach plante der Verein, wie Eduard G. Staudinger darlegt, *„die an den Sprachgrenzen der Steiermark sowie Kärntens lebende oder sich künftig dort niederlassende deutschsprachige und ‚deutschstämmige' Bevölkerung durch konkrete Wirtschaftshilfe zu unterstützten"*. Ihre wichtigsten Zielgruppen waren daher neben den Bauern vor allem Gewerbetreibende wie Golls Vater. In den letzten Jahren vor dem Ersten Weltkrieg radikalisierte sich der Verein zusehends: *„Als Aufnahmebedingung hielten die Statuten vorerst nur Unbescholtenheit und ‚deutsche Stammeszugehörigkeit' fest, doch kam 1907 die Präzisierung ‚arische Abkunft' hinzu. Als Vereinsfarben führt die Südmark schwarz-rot-gold."*

In der Untersteiermark entfaltete die Südmark zu dieser Zeit eine intensive Besiedelungstätigkeit – Rudolf Hans Bartsch schildert sie ausführlich in seinem Roman „Das deutsche Leid". Insbesondere im Drautal und im Marburger Raum kaufte der Verein Grundstücke an, um dort deutsche Bauern anzusiedeln, landwirtschaftliche Mustersiedlungen zu errichten; daneben forcierte er ab 1908/09, wie Staudinger darlegt, seine „nationale Erziehungsarbeit" auf kulturellem Gebiet, *„veranstaltete [...] Lese- und Sprechabende sowie*

Sonnwendfeste und führte 1907 Friedrich Schillers Geburtstag als jährlichen Nationalfeiertag der ‚Südmark' ein."[16]
1903 hatte der Verein seine Jahreshauptversammlung in Windischgraz abgehalten, seit 1899 existierte dort eine Ortsgruppe. Unter Golls Rodlern begegnen wir zwei führenden Funktionären: Heinrich Pototschnig und Raimund Gotscher. Die Südmark hatte in Golls Heimatstadt starken Zulauf.[17] Davon zeugt etwa folgende Zeitungsmeldung der *Marburger Zeitung* vom 13. August 1910:
„*Es ist erreicht. Aus Windischgraz, das stark gemischtsprachig ist und gegenwärtig beiläufig 1160 Einwohner zählt, kommt die erfreuliche völkische Nachricht, daß es der Leitung der Südmarkortsgruppe gelungen ist, jeden zehnten Bewohner des Ortes für den Schutzverein zu verpflichten.*"
Ernst Goll war da allerdings schon längst in Graz heimisch geworden ...

---

[16] Eduard G. Staudinger: Die Südmark. Aspekte der Programmatik und Struktur eines deutschen Schutzvereins in der Steiermark bis 1914. In: Geschichte der Deutschen im Bereich des heutigen Slowenien 1848–1941. Hg. v. Helmut Rumpler u. Arnold Suppan. München 1988, S. 130–154.

[17] Vgl. dazu Mitteilungen des Vereins Südmark I/1 (Herbstmond 1905), S. 21 und VII/ 6 (Brachmond 1912), S. 244. 1905 wird Pototschnig, 1912 Gotscher als Vorsitzender der Ortsgruppe genannt. Mit Stand 1. Mai 1912 zählte die Ortsgruppe 103 Mitglieder.

II.

Der Winter 1908 war zu Ende gegangen, ein neuer Frühling brach an. *"Getragen von milden Lüften, weht sein Hauch über die Gelände und sein zärtliches Lachen klingt in den tauenden Tropfen, die über die Wiesen rieseln."* Mit diesen Worten beschreibt die Schriftstellerin Irma von Hoefer (1865–1919) in einem Feuilleton aus dieser Zeit den „Marburger Frühling": *„Er ist ein anderer als der stürmische Geselle, der im Oberland die Lawinen donnernd die Berge herabrollt und jauchzend die alten Tannen an den Bärten zerrt. Der Marburger Frühling lächelt mit blauen Veilchenaugen, seine Finger gleiten kosend über die keimende Erde, er ist sanft und milde. Und vor allem: er ist pünktlich, läßt die Leute nicht sehnsüchtig auf sich harren."*[18]

Der Frühling dieses Jahres brachte für manchen erfreuliche Nachrichten:

Marburger Nachrichten.

Trauung. Aus Windischgraz, 26. d., wird geschrieben: Gestern vormittags um 11 Uhr fand in der Dekanatskirche zu Altenmarkt die Trauung des Dr. phil. Ernst Schwarz, Sohnes des Herrn Joh. Schwarz, Apothekers in Luttenberg, mit Fräulein Hanna Rotondi von Arailza, Tochter der Frau Johanna Rotondi von Arailza, Statthaltereisekretärs-Witwe und Besitzerin des Gutes Feldenhofen, statt.

Notiz aus der *Marburger Zeitung* vom 30. April 1908.
Quelle: Sammlung Christian Teissl

---

[18] Irma von Höfer: Marburger Frühling. In: Südsteirische Heimat. Hg. von Franz Hausmann. Leipzig, Prag, Wien 1916, S. 30–32, hier 30.

Der Braut, deren Vermählung hier angezeigt wird, widmete Goll die folgenden Verse:

Leise, weiche Glockenklänge
Rufen Hall und Widerhall,
Wundertraut wie Festgesänge
Klingt ihr Lied durchs Heimattal.

Bei dem süßen Ruf der Töne,
Die die Stunde festlich weihn,
Zieht ein Paar voll Frühlingsschöne
In den holden Maien ein.

Meine Wünsche möcht' ich gerne
In den Klang der Glocken schmiegen,
Daß sie über Zeit und Ferne
Ihre Segenslaute trügen.

Doch die stolzen Glocken alle
Klingen über Tal und Höhn,
Lassen mir mein Versgelalle
Nur auf dem Papiere stehn:

Sei dein neues Heim dir weiter
Immerdar ein Märchentraum,
Also sonnig, reich und heiter
Wie dein Schloß am Waldessaum.

Möchte Glück und Licht entgegen
Deine Fahrt ins Leben gehn
Und auf allen Weg und Stegen
Immer, immer Rosen stehn:

Leise, weiche Glockenklänge
Rufen hell und wiederhell,
Wundertraut wie Festgesänge
Klingt ihr Lied durch Heimatkirl.

Bei dem süßen Ruf der Töne,
Die die Sünde fortlich weichen,
Zieht ein Reuen voll frühlings-
                          schön
In die goldnen Herzen ein.

Meine Wünsche möcht ich gerne
In den Klang der Glocken schmiegen,

Beginn der Reinschrift „Leise weiche …".

So nach seligem Beginn
Ewig ungetrübte Weise
Sei dein Leben künftighin
Eine lange Hochzeitsreise!

Windischgraz, 27. 4. 08
Anläßlich der Vermählung d. Frl. Hannah v. Arailza

Ernst Goll

Str. 5, Zl. 4, dein Schloß am Waldessaum: Gemeint ist damit Schloss Feldenhofen bei Windischgraz, heute Zavlar. Bereits in Vischers berühmtem Schlösserbuch, der *Topographia Ducatus Stiriae* von 1681, findet sich das kleine Landschloss in einem Stich dargestellt; das dreibändige Steiermark-Lexikon von Janisch aus 1878 vermerkt zum Stichwort Feldenhofen: „Schloß und landtäfliches Gut, südlich ¼ Std. von Windischgraz, in der Gmd. Altenmarkt gelegen, der Frau Barbara Forstner gehörig, mit einem arrondierten Grundcomplex von 131 Joch 1211 Klftr."

Die Mutter der Braut, der diese Verse gelten, war eine geborene Forstner, stammte vom Gut Feldenhofen, der Vater der Braut, Adolf Rotondi d'Arailza, war k. k. Statthaltereisekretär und zeitweilig Leiter der untersteirischen Bezirkshauptmannschaft Rann (heute: Brežice). Nach seinem Tod im Jahr 1893 wird seine Witwe mit ihren Töchtern Hanna und Elisa auf das Gut Feldenhofen zurückgekehrt sein. Von dorther kannte sie jedenfalls der junge Ernst Goll. Hannas Schwester Elisa (Elsa), die anno 1902 einen Otto Bertele von Grenadenberg geehelicht hatte, widmete er im September 1910 das Gedicht „Sommerklage" (GW 119). Die Ehe zwischen Hanna und Ernst Schwarz währte genau 30 Jahre: Dr. Schwarz starb im Mai 1938, „nach kurzem, schwerem Leiden", wie es in der Parte heißt, die sich in der Sammlung Adler des Stmk. Landesarchivs befindet. Das Ehepaar hatte ab 1925 vorübergehend in Graz gelebt, sein Lebensmittelpunkt scheint aber Luttenberg/Ljutomer gewesen zu sein.

Über das Schicksal von Hanna Schwarz gibt das „Totengedenkbuch der Deutsch-Untersteirer" folgende Auskunft: „am 11. Mai 1945 beim Transport ins KZ-Lager Gutenhag erschossen". 1886 geboren, wurde sie nicht ganz 60 Jahre alt.

Unter allen hier versammelten Versgebilden ist das Gedicht für Hanna Rotondi d'Arailza, die Jugendfreundin aus dem „Schloß am Waldessaum", wohl der einzige Text, den man bedenkenlos zu Golls poetischem Werk zählen darf. Innerhalb dieses Werks steht er denn auch keineswegs abseits und isoliert, sondern in einer Gruppe von Hochzeitsliedern:

Als sein nur um vier Jahre älterer Dichterfreund Wolfgang Burghauser im August 1911 den Bund der Ehe einging, sandte Goll ihm die folgenden Verse nach Cilli:

Es kam ein Bote aus der Sehnsucht Land,
Dem unermeßlich weiten, uferlosen,
Und kränzte schweigend eures Hauses Wand
Mit der Erfüllung purpurroten Rosen.

Wir aber senden unsrer Wünsche Tauben
Auf weißen Flügeln aus der müden Hand
Und lächeln mild: Laß uns an Wunder glauben,
Es kam ein Bote aus der Sehnsucht Land. (GW 148)

Unter dem diskreten Titel „Zur Hochzeit B.s" nahm Julius Franz Schütz diese Verse 1912 in die Erstausgabe von Golls nachgelassenen Gedichten auf; ebenfalls bereits in der Erstausgabe findet sich ein weiteres „Hochzeitslied", das die Idylle einer schlichten Zweisamkeit heraufbeschwört, die sich vor allen Anfechtungen und Anfeindungen der Welt sicher wähnt: „Ein kleines Haus, im Grün versteckt,/Ein kleiner Tisch, den die Liebe deckt ..." (GW 197f.). Dieses Lied kennt keine Adressatin, keinen Adressaten, es dürfte wohl ohne äußeren Anlass entstanden sein, nicht als Festgeschenk für ein befreundetes Brautpaar, sondern als Wunschbild, das Goll sich und seiner Verlobten, einer Grazer Kaufmannstochter namens Berta Auer, vor Augen hielt. „Seine Braut war ihm alles", berichtet Schütz. „Seit Goll seine Braut kannte, ist der Schwärmer zum Dichter geworden, ist alles Schöne in ihm vertieft und veredelt, geläutert und strahlender geworden."[19]

Ob reines Wunschbild oder einem äußeren Anlass geschuldet, Golls viertes Hochzeitslied, entstanden im Dezember 1909, ist wieder in der Form einer Anrede gehalten; es beginnt mit den Versen:

Sei das Bündnis eurer Hände
ewig jung und ewig reich,
O, so baut ein Haus behende
Um den stillen Glückbereich. (GW 87)

Wer seine Adressaten sind, lässt das Gedicht jedoch offen.

---

[19] Schütz, Ernst Goll, S. 3. Golls Verlobte Berta Auer lebte später als verheiratete Tentschert in Wiener Neustadt. Dort besuchte sie im Jahre 1943 ein Journalist der *Marburger Zeitung*. Vgl. den Bericht „Peter Rosegger und Ernst Goll" in: *Marburger Zeitung* vom 19. Mai 1943.

III.

Golls lyrisches Hochzeitsgeschenk konnte Wolfgang Burghauser nicht mehr anders erwidern als mit einem Nachruf: *„Er war ein Dichter aus schönheitstrunkener Seele"*, heißt es in diesem sehr persönlich gehaltenen Gedenkartikel. *„Aber er kargte mit seiner Gabe. Nur das Beste hielt er für wert, aufgeschrieben zu werden, aus dem Augenblick zu stetem Sein zu erwachen. So sind nur wenige Reime von ihm da, schnell hingekritzelt auf den nächstbesten Zettel, die erste Ansichtskarte, als beredter Gruß des Augenblicks an Freunde, Bekannte und junge Mädchen verschenkt, wie diese ihm gerade in der Stunde lieb waren."*[20]

Dass Goll von allen Texten, die ihm wichtig waren, datierte Reinschriften anfertigte und manche seiner Gedichte auch in Schreibmaschinabschriften kursierten, wusste Burghauser offenbar nicht. Allerdings findet sich im Nachlass des Dichters so manches, das schnell auf den nächstbesten Zettel gekritzelt wurde. Goll war nicht heikel – was gerade zur Hand war, wurde verwendet – und verstand es, Größe und Grad seiner Schrift stets den Gegebenheiten anzupassen, der Art und dem Format seiner Schreibunterlagen. Mit Bleistift etwa warf er den folgenden österlichen Vierzeiler auf einen Handzettel:

Ostern! Leise Glockenklänge
klingen durch die Frühlingsweiten –
Mögen dir die heil'gen Töne
Frieden in die Seele läuten!

---

[20] Wolfhart Gustavson [i. e. Wolfgang Burghauser]: Ernst Goll. Ein Requiem. In: Deutsche Wacht (Cilli) Nr. 57 vom 17. Juli 1912.

Portrait Wolgang Burghauser.
Quelle: Österreich 1918–34 von Carl Kosik, Wien 1935.

Da Goll Erstniederschriften nicht zu datieren pflegte, lässt sich nur raten, in welchem Jahr, zu welchem Osterfest dieser Spruch entstanden sein mag und von wann eine gereimte Eulenspiegelei wie diese datiert:

Dem lieben Doktor Hofmann hier
Fünfhundert Blatt Closetpapier,
Auf edle Arten praeparieret
Und überdies desinfizieret. –
Benützt du Mitte dann und Ränder
denk auch ein bißchen an den Spender! –

Diese spöttischen Verse wurden jedenfalls in der ausgeglichenen, schwungvoll raumgreifenden Handschrift des 19- bis 21-Jährigen aufgezeichnet, während das folgende Gedicht mit dem für Goll durchaus typischen Titel „Mädchenherz" bereits das Schriftbild der letzten Lebensphase (ab 1910) aufweist:

Und schiltst du sie mit heftgem Wort
So wird sie ungerührt erscheinen
Und sagst du ihr, du zögest fort
So wird sie Schuld und Reu verneinen.
Und kränkst du sie und spottest sehr
So sagt sie dir, sie liebe einen
Doch klagst du ihr, du littest sehr
So wird sie weinen.
                                          Georg Homer

Mädchenherz

Und schiltst du sie mit hartem Wort
so wird sie ungerührt erscheinen
und fragst du sie, sie zögert fort
so wird sie Schuld und Reu
　　　　　　verneinen

Und kränkst du sie und schlägst
　　　　　　sehr
so sagt sie dir, sie habe einen
doch klagst du ihr, du littest sehr
so wird sie weinen.

　　　　　Georg Lomar

Mit Feder auf der Rückseite eines Postaufgabescheins notiert, ist es das einzige Gedicht in Golls Nachlass, das nicht mit seinem eigenen Namen gezeichnet ist, sondern mit einem Decknamen. Was genau es damit auf sich hat, lässt sich nicht mehr sagen. Vielleicht ist es im Rahmen eines Rollenspiels entstanden, einer literarischen Maskerade, inszeniert für einen Freund oder im Rahmen einer geheimen Korrespondenz.

IV.

Die drei kurzen Spruchdichtungen lassen sich nicht eindeutig lokalisieren, könnten in Grazer, genauso gut aber auch in untersteirischem Kontext entstanden sein. Der folgende balladesk anmutende Text hingegen spielt, wie schon an den Eingangsversen zu erkennen ist, in der gleichen Sphäre wie die Rodelhymne: unter den Bürgern von Windischgraz. Wieder sind die Namen authentisch: Karl Bastiantschitz betrieb zu jener Zeit im Ort eine Buch-, Papier- und Schreibwarenhandlung, die Gebrüder Reiter eine Gemischtwarenhandlung.[21]

Was hier vor uns liegt, ohne Überschrift und Datum, mit zahlreichen Streichungen auf mehreren leeren Telegrammformularen, ist nicht mehr und nicht weniger als der Rohstoff für jene von Golls reifsten Versen, die den Generationenkonflikt zum Gegenstand haben. Während dort aber ein Gefühl der Ohnmacht vorherrscht, ein ohnmächtiger Zorn gegenüber den Eltern („So habt ihr mit dem kalten Angesicht / Schon wieder unsern Himmelsbau zerstört / Der euch im Wege stand"), herrscht hier eine Art Gleichgewicht des Unverständnisses: Die Alten schimpfen auf die Jungen, die Jungen auf die Alten, und so wird es bleiben, solange die Welt steht:

---

[21] Vgl. Leuchs Adressbuch aller Länder der Erde, Bd. 16: Steiermark, Kärnten, Krain. Nürnberg 1912, S. 418.

                              in trautem Verein
[...] Sie saßen noch lange ~~beim kühlen Bier~~
und redeten lange ich glaube
von Reiters gemästetem Riesenschwein
Und von der Steuerschraube.

Und kamen von Blech und Pappedach
Und Ziegeln, die nie zerbrechen
Im Lauf der Dinge so nach u. nach
Auf ihre Söhne zu sprechen.

Da hob ein seufzendes Klagen an
Und klägliches Jammergezetter
Wie über den Wipfeln im dunklen Tann
Ein nächtiges Donnerwetter.

~~Da sprach der eine: der meine schafft~~
~~mir lauter Verdrießlichkeiten~~
Da sprach: Bastiantschitz, [„]der meine ~~schafft~~ <macht>
Mir nur Verdrießlichkeiten
Will immer – o so unbedacht
die eignen Wege schreiten.

~~Und will – so denkt euch – akkurat~~
Er will studieren – akkurat
Des Vorwärtskommens wegen
Und könnte ~~dennoch nachgerad~~ daheim doch nachgerad
Ins warme Nest sich legen.["]

~~Nun schlug~~ <kreuzte> ~~auch Goll sich überm Kopf~~
Nun schlug zusammen überm Kopf
Der Goll die beiden Hände[:]
[„]Ach, meiner ist ein arger Tropf
Und nimmt ein schlimmes Ende

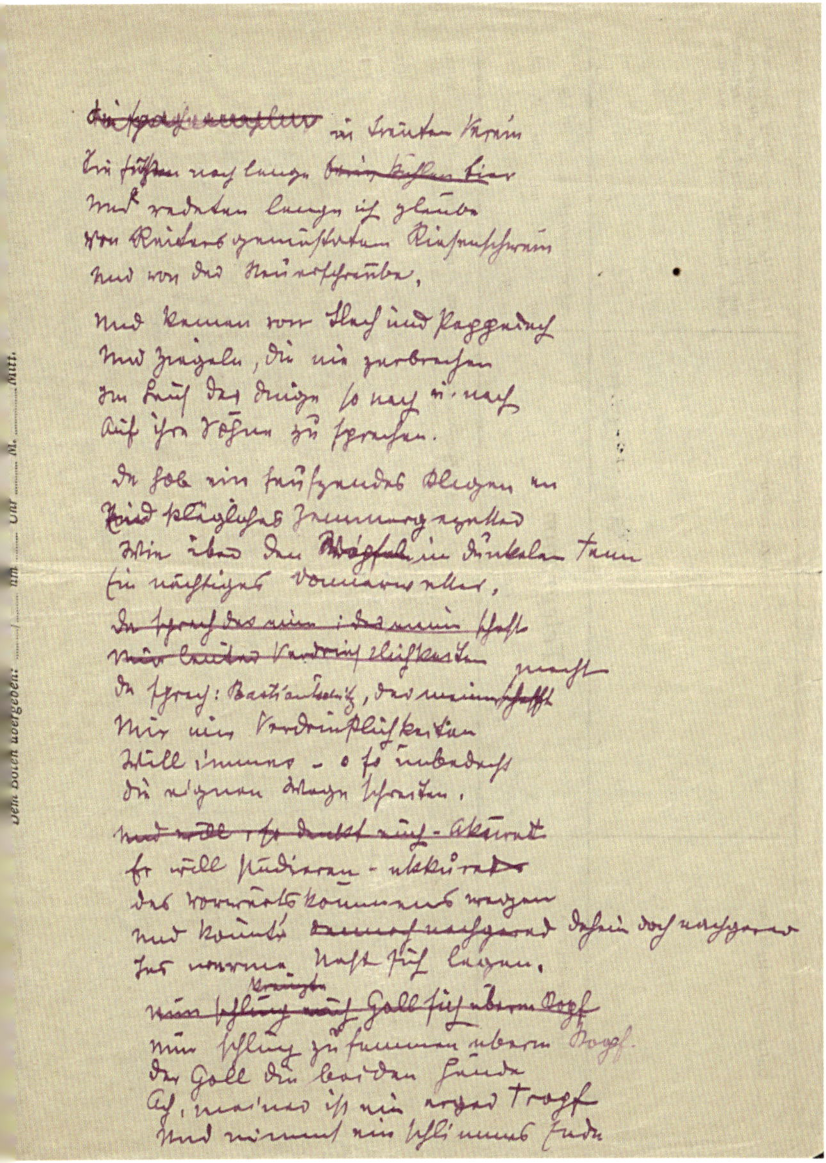

Beginn der Handschrift „Sie saßen ...“.

Ach, immer wieder um und um
Die schreckliche Geschichte:
Nichts geht ihm in dem Kopf herum
Als Mädels und Gedichte.

Und Bücher liest er schauderbar
Weiß nicht, ob grad die eignen,
Ich glaub, er liest [a]uch solche gar
die Höll' und Himmel leugnen.["]

Der Reiter trank sein Krügel leer
Und ließ es niederfallen
Es lag in dieser Geste mehr
Als in den Worten allen.

Am Schlusse dann – sie waren schon
Bei einem Liter Weine
~~Ward~~
Seziert ward auch der letzte Sohn
Nun scholl es im Vereine:

["]Wir haben selbst aus langer Weil
Noch nie ein Buch gelesen
Drum ist auch unser Seelenheil
Nie arg bedrängt gewesen

Wir haben nie den dummen Drang
Nach lichten Höhn besessen
Drum sind wir auch das Leben lang
So weich im Tal gesessen

So laßt uns unsres Tugendkleids
Mit frohem Mut gedenken,
Und unsre Kehlen, die bereits
Vertrocknet, schnelle tränken[!"]

Es haben herb und seltsam hart
die feinen Gläser geklungen.
[„]Es lebe, das mit uns sich paart
und Pereat die Jungen!["]

Dieweilen saßen in trautem ~~Runde~~ Kreis
die Söhne der dreien beisammen
die Augen leuchtend, die Wangen heiß
von seliger Jugend Flammen.

Die einen schlürften den kühlen Wein
In langen durstigen Zügen
Der dritte hielt sein Mägdlein fein
In seinen Armen liegen.

Es klang so stark ~~und glocken~~ es klang so reich
Ihr Singen und ihr Sagen
Wie Hammer, die mit schwerem Streich
An alte Tore schlagen.

[„]Wir gehen Sonnenschein und Licht
Mit vollem Wind entgegen –
Drum liegt auch Gold und Zuversicht
Auf allen unsern Wegen.

Und flattert überm Haupte her
Das Banner bess'rer Zeiten
Darin sie nie und nimmermehr
Mit toten Glocken läuten.

Schenk Bruder ein – mein Glas ist leer
Wie modernde Geschichte
Gib[,] blondes Kind[,] dein Händchen her
Und heb den Kelch zum Lichte[!]

Wir wollen heut und immerdar
So fest zusammenhalten[,]
Ein Heil der jungen Siegerschar
Und Pereat den Alten[!]"

Der alte Herrgott sah zur Zeit
Herab vom Sternenwagen
Er strich zurecht sein weites Kleid
Und lachte voll Behagen:

~~Leb alte Welt! Es~~
[„]Ist heute wie es ehmals war
noch immer gleich auf Erden
Kann keine Welle und Gefahr
Mir meine Ruhe gefährden.

~~Leb immer glei~~
's war immer so! Es hat der Streit
der Jungen und der Alten
~~Mein~~
Seit jeher und von Ewigkeit
mir meine Welt erhalten.["]

V.

Nach einer weit verbreiteten Gewohnheit, ein dichterisches Werk als den getreuen Spiegel seines Verfassers zu betrachten, sieht man auch im Dichter des „Bitteren Menschenlandes" vorwiegend den Melancholiker, den Träumer, den Schönheitstrunkenen, der sich so lange rückhaltlos an der Schönheit berauschte, bis ihm schließlich nichts anderes übrig blieb, als vor den Forderungen des Lebens zu kapitulieren und die Flucht in den Tod zu ergreifen. Die ihn gekannt haben, wissen es besser. Heinrich Kalmann – wir sind ihm im ersten Teil dieses Buches begegnet – berichtet in einer Rückschau, zehn Jahre nach dem Tod des Freundes: *„Mitteilsam wie alle schöpferischen Menschen, war er lebhaft und von sachlichem Ernste. Voll Humor, geistsprühend als Gesellschafter."*[22]

Von diesem Esprit ist auch das Gedicht Scherzo getragen. Ein Besuch wird darin angekündigt; ein Spiel soll veranstaltet werden:

Heut, Liebste, um die Abendkühle
Komm ich zu dir, drei Treppen hoch;
Halt dich bereit, wir spielen Mühle,
Nicht wahr, du freust dich doch?

Mit meinen blanken, weißen Steinen
Sperr ich dich, Widerspenstge, ein,
Da hilft kein Wehren, hilft kein Weinen,
Wirst bald gefangen sein. (GW 92)

---

[22] Heinrich Kalmann: Ernst Goll. Ein Gedenkblatt zum 12. [sic!] Juli. In: *Grazer Montagszeitung* vom 10. Juli 1922.

Nicht ein altehrwürdiges Brettspiel, sondern ein Würfelspiel, das Knobelspiel „Elf hoch", steht im Zentrum der folgenden Privatdichtung. Auch sie trägt weder Titel noch Datum, dem Schriftbild zufolge muss sie in unmittelbarer zeitlicher Nähe zur „Rodelhymne", also etwa 1907/08, entstanden sein. Ort der Handlung ist wiederum der Gasthof zur Post in Windischgraz, dem heutigen Slovenj Gradec.

~~Ach, die Menschen auf der Erde~~
~~Brauchen, denn das ist apart~~
~~Sogenannte Steckenpferde~~
~~Dieser oder jener Art.~~

~~A zum Beispiel kunstbeflissen~~
~~Nach verstaubten Schätzen greift,~~
~~Während B mit bloßen Füßen~~
~~Auf dem nassen Grase läuft.~~

~~Dieser trinkt in Massen Bier~~
~~Um im Geiste zu erstarken~~
~~Jener aber samm- aber voll Plaisir~~
~~sammelt Jubiläumsmarken~~

Ach, die Menschen auf der Erde
Brauchen manchmal Steckenpferde
Dieser oder jener Art
Denn das ist und bleibt apart.
A zum Beispiel voll Plaisir
Trinkt in großen Massen Bier
Während B durch nasse Sümpfe
Wandelt ohne Schuh und Strümpfe
Letzteres so nebenbei
Heißt die edle Kneiperei
Denn der Mensch auf dem Niveau
Trinkt gewöhnlich Kneipkafò
<Und auf abgelegnen Pfaden
Sieht nach wohlgebauten Waden>
C verficht den Stütz der Liege
Bei der alten Herren Riege
Während D – es sei gestammelt
Jubiläumsmarken sammelt,
Haufenweis – auf Tod und Leben
's muß auch solche Käuze geben[.]

Beginn der Handschrift „Ach die Menschen ...".

Vieles könnt' ich noch berichten
Manche Schauer- und Spukgeschichten
Von so manchen dummen Leuten
Welche Steckenpferde reiten
So zum Beispiel die da sammeln
Schmetterlinge, Käfer, Schwammeln
Pelzwerk auch von Fuchs und Zobeln
Doch ich komme auf das Knobeln
Welches ebenso geehrt
Als beliebtes Steckenpferd.
Dieses edle Spiel beginnt,
Wenn man einen Becher nimmt
Und von glattem Elfenbein
Einge Würfel tut hinein.
Dieses wird dann umgerüttelt
Kurze Zeit, dann ausgeschüttelt
Und die Zahl der Augen dann
Gibt den Stand des Spieles an.
Hier nun gibt es schöne Namen
Welche aber unter Damen
Man nicht alle nennen könnt'
Denn sie sind nicht sehr dezent
So die Haare um die – Mitte
Oder jene Kaktusblüte
Welche sich am Waldesrand
Einsamen Beschauern fand.
Sei vielmehr in Ehrn gedacht
Derer[,] die das Spiel gebracht
An den langen Tisch bei Goll
Solches ist ganz wundervoll:
Lebte im Bereich der Städter
Da ein Obergeometer
Welcher Heinrich Holm genannt
Und uns allen wohlbekannt.
Eines Tages hat nun dieser

über alle frommen Spießer
Also und folgendermaßen
Seinen Zorn ausgelassen:
[„]Ach, das ist nun doch zu toll
~~Niemand sitzt jetzt mehr bei Goll~~
Wie es hergeht jetzt bei Goll
Eh der Hammer 12 Uhr schlägt
Hat man sich zu Bett gelegt.
Des ~~Strezowkys~~ Verwalters dummer Magen
Kann schon gar nicht[s] mehr ertragen
~~Und der~~ Hauke <aber> will am Morgen
Frisch und ohne Katersorgen
Nach der Stadtpfarrkirche hin
Mit der alten Zupitschin
Auch der Oberingenieur
Kommt jetzo immer seltner her
Und die holden, lieben Damen
Die des Sonntags öfter kamen
Blieben allzu lange aus
Ach – es ist fürwahr ein Graus
Außer nur – dem Geometer
Sind die andern alle Gfreter.["]
Also schimpfend bis es spät
Legte er sich nun zu Bett
Bald entschlafen lag er da
Höret[,] was nun jetzt geschah
Dieses nämlich ist fürwahr
Ideal und wunderbar
Denn aus wolkennaher Höh'
Nahte sich nun eine Fee
~~Wie zum Segen war die Hand~~
Ihr[e] weiße Götterhand
Hielt sie über Bettesrand
Während in der andern mild
So ein dunkles Etwas hielt

Leise trat sie näher und
Öffnete den roten Mund
Glockenhell und wundertraut
Klang die süße Stimme laut[:]
~~Edler, langverwaister Zecher~~
~~Nimm den dunklen Lederbecher~~
~~Göttergnade, reich und mild~~
~~hat den heißen Wunsch gestillt~~
[„]Göttergnade, weich und mild
Hat den heißen Wunsch gestillt
Nimm[,] verwaister edler Zecher,
Diesen dunklen Würfelbecher
Übst du seinen Zauber fein
Wirst du nie alleine sein.["]
Noch einmal mit weißer Hand
Winkt' die Göttin und verschwand. – –
~~Schon am nächsten Abend~~
Aber einen Abend später
Saß der Obergeometer
An des langen Tisches Eck,
In der ~~Hand~~ <Tasch>, zu gutem Zweck
Seines Traumes eingedenk
Jener Göttin Festgeschenk.
Und weil er gerad allein,
Griff er nach dem Becherlein[.]
Wie er zog das Ding herfür
Öffnet sich von weit die Tür
Und im Rahmen – staun' o Hörer[! –]
Trat ans Licht der Oberlehrer
Auch die Frau Gemahlin hatte
Froh vom Haus der edle Gatte
Wohl und immens klug bedacht
Heute Abend mitgebracht.
Mit den beiden aber kamen
Auch noch manche andre Damen

So zum Beispiel – hold und dünn
Unsre Witwe Klingerin
Und die ~~Tiltschie~~ Tochter an der Hand
// Die fesche Witwe Klinger
In der Klammer: die von Singer //
Eine Dame wohlbekannt –
Immer lustig, immer kühn
Nämlich die Bastiantschitschin.
Auch das Fräulein Ria Klinger
Kam und eben nicht geringer
War der flotten Herren Zahl
Die erschienen allzumal[.]
Hauke, welcher unterdessen
Von der langen Ostermessen
Sich erholt und ganz und gar
Mitglied der Gesellschaft [war]
Auch des Herrn Verwalters Magen
Feierte und ohne Klagen
Saß der frohe Eigentümer
An dem alten Platz wie immer.
Tomschegg, Oberingenieur
Gottscher Pauli und noch mehr. – – –
Also ist hier zu ersehn
Wie durch güt'ge, milde Frau
Noch im zwanzigsten Jahrhundert
Hold beglückt und froh verwundert
Man erlebt so dann und wann
Was man Wunder nennen kann.
Deshalb auf die holde Göttin
Welche nächtlich zu dem Bett hin
Des ~~Ober~~ Herrn Geometer schlich
Heb ich jetzo feierlich
Dieses wohlgefüllte Gläsel
Wer nicht mitmacht ist ein –

Ansichtskarte von Windischgraz, Verlag Karl Bastianschitz.
Quelle: Sammlung Christian Teissl.

„Da wurde es Ereignis ..."

Golls Versuche als Theaterkritiker

Ein Drama in drei Bildern
mit einem Vorspiel im Rittersaal
und einem Epilog im Feuilleton

Vorspiel im Rittersaal

„Ich bin Vorstand eines Studentenkünstlervereins.
Wir sitzen im Café.
Ich bin sehr müde.
Sie debattieren eben über Regiefragen beim Theater.
Dekorationen oder nicht?
Was für Kostüme?
Verdunklung des Zuschauerraumes oder Licht?
Natürlich dunkel!
Nein Licht!!
Einer will das Theater reformieren und fängt bei uns damit an.
Andere halten ihm Widerpart.
Die Wogen gehen hoch."[23]

Diese Momentaufnahme findet sich im Tagebuch des Dichters Bruno Ertler (1889–1927), einem engen Freund und Kollegen Ernst Golls.
Der Grazer „Studentenkünstlerverein", dem Ertler eine Zeit lang präsidierte, nannte sich „Akademischer Richard-Wagner-Verein", betrieb allerdings keinen Wagner-Kult, sondern trat seit seiner Gründung im Dezember 1907 mit einer Fülle spartenübergreifender Veranstaltungen hervor: vom Liederabend bis zum Lichtbildvortrag, vom Gesprächskonzert bis zur Dichterlesung. Auch die Goll-Freunde Fritz Oberndorfer und Heinrich Kalmann waren Aktivisten dieses Vereins.
Vieles geschah in Eigenregie, die Vortragenden kamen zunächst vorwiegend aus den eigenen Reihen, bald aber konnte man es sich leisten, namhafte Gastvortragende einzuladen. Einer der Ersten war Hermann Kienzl (1865–1928),

---

[23] Bruno Ertler, Tagebuch Bd. IV (Ostern 1911–Juli 1912), S. 996f. Eintrag von Allerheiligen 1911. NL Bruno Ertler, Stmk. LB.

der jüngere Bruder von Wilhelm Kienzl, dem Schöpfer des „Evangelimanns". Im Graz der 1890er Jahren hatte er sich als Verkünder des Naturalismus hervorgetan, war als Theaterreferent des deutschnationalen *Grazer Tagblatts* mit aller Entschiedenheit für Henrik Ibsen eingetreten; als er zu Beginn des Jahres 1905 nach Berlin übersiedelte, hinterließ er seiner Grazer Gemeinde ein bemerkenswertes Andenken: den stattlichen Band „Dramen der Gegenwart", erschienen bei Leuschner & Lubensky, eine Nachlese seiner Feuilletons zum hiesigen Bühnengeschehen.

In Berlin hatte Kienzl sich rasch etabliert, hatte rasch Kontakte geknüpft, war in Zeitschriftenprojekte involviert, schrieb für namhafte Blätter – und nun kam er endlich wieder nach Graz, um hier der Uraufführung seiner dramatischen Dichtung „Brautnacht" am Samstag, den 12. Dezember 1908 beizuwohnen und am Montag darauf über Fragen des Theaters zu sprechen. Schwarz auf weiß stand es in der Zeitung, es gab keinen Zweifel mehr. Ein junger Theaterenthusiast, der das Buch „Dramen der Gegenwart" bereits in- und auswendig kannte und sich selber gerade als Dramatiker erprobte, fasste seine Vorfreude in Worte, verfasste eine Eloge in Prosa:

Portrait Hermann Kienzl.
Quelle: Deutschösterreichische Literaturgeschichte von Nagl, Zeidler & Castle, 1937.

Zum Vortrag Hermann Bahrs
von Ernst Goll.

Im Rittersaale wird Montag Hermann Bahr reden. Hermann Bahr, der einmal zu uns gehörte, einmal zu uns gehören _durfte_. In jener sturmumsponnenen Zeit, da sein stark genial-künstlerisches Wollen sich über die ganzen Bühnen machte. — Unter der Leitung Kürschners, sagen wir's offen. „Einen Hünenmann, der zu den Gestaden der Kunst strebte" nennt ihn Bahr. — In der Zeit der großen prominenten und pseudogenialen Erlebnisse, die Zeit, da die großen Schöpfungen Ibsens, Björnsons und Hauptmanns vor einem fast gefüllten Publikum zum erstenmal über die Szene gingen; die Zeit der Sikora und de Groch, die Zeit der großen Gastspiele, die Baumeister und Matkowsky brachte, Zacconi und die Modjesky, das berliner deutsche Theater-ensemble mit Else Lehmann, Bassermann und Reinhardt; die Zeit, da Agnes Sorma die Nora spielte und Sada Yacco mit ihrer Truppe die Kunst des fernsten Ostens auf dem Provinztheater offenbarte. Die Zeit, in der das Unbegreifliche Ereignis wurde, daß ein Mann wie Hermann

Beginn der Reinschrift.

Zum Vortrage Hermann Kienzls[24]
von Ernst Goll

[1] Im Rittersaale wird Montag Hermann Kienzl reden. Hermann Kienzl, der einmal zu uns gehörte. Einmal zu uns gehören <u>durfte.</u> In jener sagenumsponnenen Zeit, da ein Hauch genial-künstlerischen Wollens auch über die Grazer Bühnen wehte. – Unter der Leitung Purschians, sagen wir's offen. „Einen Steuermann, der zu den Gestaden der Kunst strebte" nennt ihn Kienzl. – In der Zeit der großen Premieren und schauspieleri= schen Erlebnisse. Die Zeit, da die großen Schöpfungen Ibsens, Björnsons und Hauptmanns vor einem fast geschulten Publikum zum erstenmal über die Szene gingen; die Zeit der Sikora und de Grach, die Zeit der großen Gastspiele, die Baumeister und Matkowski brachte, Zacconi und die Medelsky, das Berliner Deutsche Thea= ter-ensemble mit Else Lehmann, Bassermann und Reinhardt; die Zeit, da Agnes Sorma die Nora spielte und Sada Yacco mit ihrer Truppe die Kunst des fernsten Ostens auf dem Provinztheater offenbarte. Die Zeit, in der das Unbegreifliche Ereignis wurde, daß ein Mann wie Hermann

---

[24] Näheres zur Überlieferungsgeschichte im editorischen Anhang, S. 162f.

[2] Kienzl sich hinsetzen und, lediglich vom Standpunkt des Grazer Kunstkriti= kers ausgehend, ein Buch zu schreiben vermochte, vierhundertundfünfzig Seiten stark und weit über die Grenzen der engeren Heimat hinaus gelesen und gewürdigt: „Das Drama der Gegenwart". Lang, lang ists her …
Die es erleben durften, werden es nie vergessen. Die andern mögen es glauben – oder nicht.
Im Rittersaale wird Montag Hermann Kienzl reden. Über die großen Premieren in – Berlin. Über die letzten Schöpfungen eines Hauptmann, Halbe, Wedekind und Schnitzler, Strindberg, Gorki und Oskar Wilde, die heute in aller Munde sind und den Weg „aus dem ~~Waldland~~ Weltland ins Waldland" doch nicht gefunden haben.
Im Rittersaale wird Montag Hermann Kienzl reden. Hermann Kienzl, dem die Maße und Werte seiner Zeit längst schon Krystall geworden sind. Vielleicht geschieht es, daß über dem vertrauten Rhythmus der Kienzl-Sprache den Lauschenden die Erinnerung erwacht an das goldene Zeitalter der Kunst, das einmal da war und das wir doch nicht halten konnten. Und mit der Erinnerung zugleich die Sehnsucht. Und mit der Sehnsucht ein ganz, ganz klein bißchen Wille zur Tat.

Cover der Erstausgabe von 1905.

[3] Vielleicht! Vielleicht!
Daß Hermann Kienzls Worte, wie er's von seinem Grazer Theaterbuche wollte „einen Hall finden, der einst geweckt wurde vom Hall und wiederum Widerhall weckte und –wecken soll ..."

Akad. Richard Wagner-Verein.

14. Dezember 1908 um ½8 Uhr abends

landschaftl. Rittersaal

„Das Theater der Gegenwart"

Vortrag:

Hermann Kienzl.

Karten bei Tendler. 3108

Ankündigung der Kienzl-Vorlesung im *Grazer Tagblatt* von Sonntag, den 13. Dezember 1908.
Quelle: ANNO-Datenbank der ÖNB.

1,1, Rittersaal: Gemeint ist der Rittersaal im Grazer Landhaus, damals ein beliebter, intensiv genutzter Veranstaltungsort für Lieder- und Rezitationsabende, aber auch für populärwissenschaftliche Vorträge.

1,7, Purschian: Otto Purschian (1858–1904), aus Dresden gebürtig, hatte sich früh der Schauspielerei verschrieben. Den Jugendlichen Helden gab er, klassisch wie modern, an verschiedenen deutschen Provinzbühnen. Nach Zwischenstationen in St. Petersburg und Moskau wirkte er zwölf Jahre lang als Darsteller und Regisseur am Berliner Hoftheater. Von April 1899 bis Juni 1903 war er Direktor der Grazer Bühnen. In seine Ära fällt die Eröffnung des neuen Stadttheaters (der heutigen Grazer Oper).
In einem Feuilleton mit dem Titel „Vier Theaterdirektoren – Portraits aus zwanzig Jahren Stadttheater", erschienen im Morgenblatt der Grazer *Tagespost* vom 21. September 1919, hält Ernst Decsey Rückschau:
„Der erste Direktor war Otto Purschian, der dem neuen, strahlenden, eben fertig gewordenen Haus den glanzvollen Inhalt geben wollte, ohne sich um die Mittel zu kümmern. Der Grandseigneur, der in Berlin und Hamburg zu wirken glaubte und nur in Graz war. Ein bißchen preußischer Offizier und wie alle Preußen ein bißchen Erzieher und Besserwisser. Seine Schauspieler durften ihn nur im Salonrock besuchen. Der Grazer Theaterbesucher sollte nur dunkelgekleidet im Haus erscheinen. Mit dem neuen Theater sollte die Stadt, die Gesellschaft, die Geistigkeit, ein paar Stufen höher hinauf. Wie weit das gelang –? Jedenfalls streckte er den Herrscherarm aus: Sic volo, sic jubeo! Etwas von Wilhelm, der damals noch Wilhelm Rex war, stak auch in Otto Purschian. Ein Kampfdirektor nebenbei, aufbrausend, den Kampf bis aufs Messer auf offener Bühne ankündigend, dann eines Tages davon, irgendwo an Herzschlag verschieden … Immer hatte er sich die Dinge so stark zu Herzen genommen, bis es barst. Hinterher wird allen Nachfolgern vorgehalten: Ja, unter Purschian … Es war das goldene Zeitalter." Man beachte die Ähnlichkeit der Diktion!

1,8, „Einen Steuermann …": In seinem ausführlichen Nachruf auf Otto Purschian, erschienen im *Grazer Tagblatt* vom Sonntag, den 31. Juli 1904, nennt Kienzl ihn einen „Steuermann, der zu den lichten Gestaden der Kunst strebte". In seinem Buch „Dramen der Gegenwart" ist dieser Nekrolog als Fußnote stark gekürzt wiedergegeben: dort heißt es nur noch „zu den Gestaden". Goll kannte wohl nur diese Version.

1,16f., die Zeit der Sikora und de Grach: Den Namen der Schauspielerin Annie (auch Anny) Sikora findet man in keinem der gängigen deutschsprachigen Schauspieler- und Theaterlexika. Die Steirische Bibliographie und das dreibändige Steirische Künstlerlexikon von Rudolf List wiederum kennen lediglich einen Heimatforscher Adalbert Sikora, der eine Fülle von Artikeln über „Graz im Wandel", kundige Studien zur Grazer Stadtgeschichte, veröffentlicht hat. Die einzige Spur, die zu dieser vergessenen heimischen Bühnengröße von anno dazumal führt, hat Hermann Kienzl gelegt: In seiner von Ernst Goll so begeistert aufgenommenen Sammlung von Theaterkritiken, „Dramen der Gegenwart" (1905), findet sich ein Essay zu Gerhart Hauptmanns „Versunkener Glocke", eine Montage aus Besprechungen verschiedener Grazer Aufführungen „zwischen 1897 und 1904". Der Analyse des Stücks folgt die Nachbemerkung: „Unter den zahlreichen Darstellerinnen des Rautendeleins [jenes elbischen Wesens also, das im Zentrum dieses „deutschen Märchendramas" steht, Anm.] kam Annie Sikora nach meiner Auffassung dem Urbilde am nächsten." (S. 32f.)

Wie tief sie den Kritiker beeindruckt haben mag, erfährt man allerdings erst aus dem Nachruf, den ihm die Grazer *Tagespost* vom 14. Mai 1928 widmete; dort heißt es: „Einer Schwärmerei für eine noch vielen Grazern bekannte Schauspielerin gab er [Kienzl] in Gedichten rückschauend elegisch-schönen Ausdruck. Er nannte das Buch in Erinnerung an ihre Lieblingsrolle ‚Rautendelein. Die Geschichte einer Leidenschaft in Gedichten' (1906)."

Dabei handelt es sich um ein Buch von mehr als 200 Seiten – für einen Lyrikband damals wie heute ein ungewöhnlich stattlicher Umfang. Zwar ist er expressis verbis der Gattin des Autors, Bertha Kienzl, gewidmet, geschildert sind darin aber nicht Szenen einer Ehe, sondern Freuden und Leiden einer Zuneigung, die vor der Welt geheim zu bleiben hat: „Wir müssen in leeren Worten / Verbergen das drängende Glück/Und hüten den zärtlichen Boten,/Den liebebeseligten Blick."

Man darf davon ausgehen, dass der junge Ernst Goll, der seine erste lyrische Phase bereits gegen Ende seiner Gymnasialzeit erlebte, nicht nur am Theaterkritiker Hermann Kienzl interessiert war, sondern auch am Lyriker und den Band „Rautendelein" nicht weniger intensiv studiert hat als die „Dramen der Gegenwart". Anklänge und Parallelen lassen sich jedenfalls mühelos ausmachen. In Kienzls Gedicht „Neue Jugend" wird ein junges Mädchen angerufen: „Du Kind, du lichter Geist, du tiefer Klang,/Du Ostermorgen, letzter Frühlingsglaube!/Wie rief ich dich in Jahren, grau und bang!/Reich mir den Ölzweig nun, du holde Taube!" In Golls nachweislich später entstandenem Gedicht „Andacht" – eines jener Gedichte, die bereits zu seinen Lebzeiten veröffentlicht wurden – finden sich die nicht minder überschwänglichen Verse:
Du meiner Sehnsucht weiße Taube,
Du alles Schönen Blumenkranz –
Du Maientag, du Osterglaube,
Du meiner Wege Licht und Glanz ... (GW 80)

Willy de Grach (1880–1904) war eine Nachwuchshoffnung der Grazer Bühne zu Beginn des 20. Jahrhunderts. Hermann Kienzl hielt ihm die Grabrede. Sie wurde zunächst in der Abendausgabe des *Grazer Tagblatts* vom 5. April 1904 abgedruckt; später stellte Kienzl sie mit der Überschrift „Am Sarge eines jungen Schauspielers" an das Ende seines Sammelbandes von Grazer Theaterfeuilletons „Dramen der Gegenwart". Das Resümee dieser Rede lautet wie folgt:

„Mancher stirbt in der Jugend, ehe er ein großes Werk geschaffen hat. Mit ihm war aber doch geboren worden, was an sich das Hohe ist, ob ihm nun Zeit blieb, es für die Außenwelt zu gestalten oder nicht. Nicht der reife, nicht der berühmte, aber der größte Künstler kann es sein, der, ehe er sein Dasein erfüllte, zum Acheron wallen muß. Ungehobene Schätze führt auch jetzt der schweigende Fährmann mit unserem toten Jünglinge zur stillen Insel. Wer daran glaubt, dem ziemt es, diesem Toten solche Ehren zu erweisen, als würde sein Name am Firmamente der Nachwelt glänzen können. Denn nur die Hand eines ungerechten Schicksals löschte ihn vor der

Zeit. Ihm, dem der immergrünende Lorbeer zu winken schien, ward die fahle Blüte des Asphodels."

1,18, die Zeit der großen Gastspiele: Goll zählt hier, möglicherweise eine Geste der Reverenz gegenüber dem nunmehr in Berlin lebenden Hermann Kienzl, in erster Linie Berliner Theatergrößen auf; die Tatsache, dass zur selben Zeit auch k. k. Hofschauspieler wie Max Devrient, Hermine Körner und Josef Lewinsky auf den Grazer Bühnen gastierten und sogar der König der Wiener Schauspieler, Josef Kainz, sich in Graz bewundern ließ, verschweigt er geflissentlich.

1,18, Baumeister: Bernhard Baumeister (1828–1917), Mitglied des Wiener Burgtheaterensembles seit 1852, spielte bis ins hohe Alter mehr als 500 Rollen. In der Ära Purschian gab er ein zweitägiges Gastspiel am Grazer Stadttheater, als Götz von Berlichingen und Shakespeares König Heinrich IV. am 10. und 11. März 1902.

1,19, Matkowsky: Adalbert Matkowsky recte Matzkowsky (1857–1909). Nach Engagements in Dresden und Hamburg kam er 1889 ans Königliche Schauspielhaus in Berlin und blieb dort im Ensemble bis zu seinem Tod. Unter Purschians Direktion gastierte er zweimal in Graz: im Mai 1899 und im Juni 1900. Bei seinem ersten mehrwöchigen Gastspiel war er als Graf Egmont, als Hamlet, als Othello, als Sigismund in Calderons „Das Leben ein Traum", als Carl in Schillers „Räuber" und in der Titelrolle von Alexandre Dumas' „Kean oder Genie und Leidenschaft" zu sehen, im Rahmen seines zweiten Grazer Gastspiels glänzte er außerdem als Petruchio in „Der Widerspenstigen Zähmung" und als Uriel Acosta in dem gleichnamigen Drama von Gutzkow.

1,19, Zacconi: Ermete Zacconi, italienischer Theater- und Filmschauspieler (1857–1948), gastierte in Graz, noch ehe Purschian die Leitung der hiesigen Bühnen übernahm. Kienzl erinnert in seinem Buch „Dramen der Gegenwart" an Zacconis Darstellung des Oswald in Ibsens „Gespenster", die im Jänner 1897 auf der Grazer Bühne zu sehen war.

1,20, Medelsky: Lotte Medelsky (eigentlich Karoline), eine Wiener Theaterschauspielerin (1880–1960), langjähriges Mitglied des Wiener Burgtheaters, dürfte ebenfalls bereits unter der Direktion Heinrich Gottinger (1893–1899) in Graz gastiert haben.

1,20ff., Das Berliner Deutsche Theaterensemble: Am 7., 8. und 9. Juni 1901 war im neu eröffneten Grazer Stadttheater am Karl-Ludwig-Ring (heute allgemein als Grazer Opernhaus bekannt) ein „Gesammt-Gastspiel des Deutschen Theaters aus Berlin unter Leitung des Direktors Dr. Otto Brahm" zu sehen. Am ersten Abend wurde Hauptmanns „Fuhrmann Henschel" gegeben, am zweiten Abend Ibsens „Volksfeind", am dritten schließlich Hauptmanns „Michael Kramer". Die Ensemblemitglieder Albert Bassermann, Else Lehmann und Max Reinhardt waren jeweils in tragenden Rollen zu sehen.

1,23, da Agnes Sorma die Nora spielte: Agnes Sorma, eigentlich Martha Karoline Zaremba, wurde 1865 in Breslau geboren und starb nach einer langen und glänzenden Bühnenlaufbahn 1927 in den USA auf einem Landgut in Arizona, ihrem Alterssitz. Wie so viele verdiente sie sich ihre ersten Theaterlorbeeren in der Provinz als Jugendliche Liebhaberin, ehe sie 1883 nach Berlin ans Deutsche Theater kam. Unter Otto Brahm wurde sie dort zu einer gefeierten Bühnengröße. Mit Brahms Berliner Ensemble unternahm sie zahlreiche Gastspielreisen, die sie nach Frankreich und Italien und bis in den Orient führten. Am 2. und 3. November 1900 gab Agnes Sorma, zu diesem Zeitpunkt bereits freie Schauspielerin, mit ihrer eigenen Gesellschaft ein Gastspiel in Graz. Am ersten Abend war sie in Sudermanns „Johannisfeuer" zu sehen, am zweiten Abend in ihrer Paraderolle als Ibsens Nora. Der Berliner Kritiker Julius Bab, der Agnes Sorma nach ihrem Tod eine Gedenkschrift widmete, bezeichnete sie als „die wirkliche Erfüllerin der Ibsen'schen Gestalt".

1,24, Sada Yacco mit ihrer Truppe: „Durch Europa fegt ein Komet – die Kawakami-Gruppe und ihr Star Sada Yacco. Kometen kommen selten, aber wenn sie kommen, sind sie eine Sensation", schreibt Peter Pantzer. „Ein solcher Komet stand fast zwei Jahre über Europas Theaterhimmel und ließ mehr als nur die Theaterliebhaber staunen. Wo immer die Truppe spielte, vorausgeeilt war ihr der magische Ruf fernöstlicher Faszination und überbordender Phantasie; und was der Komet mit seinen ungewöhnlichen dramatischen Offenbarungen

Agnes Sorma.
Quelle: Philipp Stein, Henrik Ibsen. Zur Bühnengeschichte seiner Dichtungen. Berlin 1901.

hinterließ, als er schon wieder weiterzog, war Begeisterung."[25] Hellauf begeistert war auch Hermann Kienzl, als dieser Komet für einen Abend – den Abend des 19. Februar 1902 – am Grazer Horizont zu sehen war.[26]

2,8, Das Drama der Gegenwart: „Dramen der Gegenwart, betrachtet und besprochen von Hermann Kienzl", so lautet der korrekte Titel des Buches, das 1905 in Leuschner & Lubenzky's Universitätsbuchhandlung, Graz, erschien: eine umfangreiche Nachlese jener Theaterkritiken, die Hermann Kienzl von September 1892 bis Februar 1896 und von Februar 1897 bis Dezember 1904 für das *Grazer Tagblatt* verfasste, ehe er Anfang 1905 nach Berlin übersiedelte, um dort als freier Publizist und Schriftsteller zu leben. „Nach Möglichkeit suchte ich den Makrokosmus der Dramatik unserer Gegenwart im Mikrokosmus der Grazer Bühnen darzustellen" – mit diesen Worten erläutert Kienzl im Vorwort seines Buches die Kriterien, nach denen er aus „rund 1500 Schauspielkritiken" die aussagekräftigsten ausgewählt hat. Zwei Jahre später veröffentlichte er im Verlag Concordia, Berlin, den Band „Die Bühne ein Echo der Zeit" – formal und thematisch eine nahtlose Fortsetzung des ersten Sammelbandes, die Perspektive ist hier jedoch nicht mehr die des Grazer, sondern bereits die des Berliner Kritikers.

Den „Dramen der Gegenwart" bereitete Peter Rosegger, den mit den Gebrüdern Kienzl enge Freundschaft verband, einen wenn auch nicht vorbehaltlosen, so doch recht freundlichen Empfang: Im Maiheft 1905 seines „Heimgarten" bemerkt er über das Buch und seinen Verfasser: „Kienzl führt seinen Kampf gegen alles Abgebrauchte und für das Neue, seine Leitsterne sind vor allem Hauptmann und Ibsen. Der letztere ist so ziemlich sein Höchstes. Mit der alten Sitte will er brechen. In der alten Weltanschauung sieht er fast nur Heuchelei, ohne uns überzeugen zu können, daß sie der neuen Weltanschauung fremd sei. Wie ein gläubiges Kind stürzt er sich in das Neue, das noch nicht erprobt ist! [...] In der Wahl, sein großes literarisches

---

[25] Peter Pantzer: „Original-Japaner" auf Europas Bühnen. In: Im Rausch der Kirschblüten. Hg. von Daniela Franke und Thomas Trabitsch. Wien 2014, S. 51–62.
[26] Vgl. Kienzl, Dramen der Gegenwart, S. 429–435.

Talent auf ruhigem Boden organisch ausreifen zu lassen oder im Kampf um sein Ideal aufgerieben zu werden, hatte er sich längst für das letztere entschieden. Und das ist es, was uns bei diesem Buche einfällt. Denn ich glaube, daß dieser Mann als Kritiker der Kunst und des Lebens sein Talent nicht erschöpft hat. Wer das Buch ‚Dramen der Gegenwart' durchdenkt, wird empfinden, daß sein Verfasser eine starke Künstlernatur ist." (Hg. 29 [1904/05], H. 8, S. 633).

2,18, aus dem Weltland ins Waldland: Hermann Kienzl bemerkt im Vorwort zu seinem Band „Dramen der Gegenwart" (S. VIII): „Graz liegt ja hinter den Bergen. Doch dringt viel, dringt das Meiste aus dem Weltland allmählich ins Waldland."

3,4, einen Hall finden: Abermals nimmt Goll hier Anleihe bei der Originaldiktion Hermann Kienzls. Dessen umfangreiches Vorwort endet mit den Worten: „Vielleicht findet der freundliche Leser, findet die liebe Leserin in diesen kritischen Aufsätzen ein ganz klein bißchen was Dichterisches, einen Hall, der einst geweckt wurde vom Hall und wiederum Widerhall weckte und – wecken soll ..." (S. XXV).

Stadt-Theater

Direction: Otto Furschian.

Mittwoch den 19. Februar 1902.

Gastspiel-Tournée des japanischen Hoftheaters mit

Sada Yacco und Kawakami

und 30 japanischen Künstlern vom kaiserl. Hoftheater in Tokio.

Die Geisha und der Ritter

Drama in zwei Acten.

Katsuragi	Mme. Sada Yacco	Ein umherziehender Musiker	Sugihashi
Nagoya Sanza	M. Otojiro Kawakami	Ein Straßensänger	Fujita
Orihime, Braut von Nagoya	Mme. Tsuru	Geishas, Buddhisten, Officiere ꝛc.	
Eine Geisha	Nami		
Eine Tänzerin	Naka	
Banza	M. M. Nazaki	

Erster Act: **Das Viertel der Geishas in Yeddo.** Zweiter Act: **Die Thore des Tempels Poio-Ji in der Provinz Kishu.** Epoche (Zeit): Im XVI. Jahrhundert.

Hierauf: Neu einstudirt

Der Schauspiel-Director.

Singspiel in einem Acte. Musik von W. A. Mozart.

Dirigent: Herr Capellmeister Weichleder.

Emanuel Schikaneder, Theater-Director	Hr. Mödlinger	Mademoiselle Uhlich, Sängerin aus Passau	Frl. Karvasy
Philipp, dessen Neffe, Concertmeister	Hr. Favre	Ein Theaterdiener	Hr. Mittendorf
Wolfgang Amadäus Mozart, Capellmeister	Hr. Koß		
Antonie Lange, Sängerin, Mozart's Schwägerin	Frl. Westen		

Ort der Handlung: Wien. — Zeit: 1790.

Zum Schlusse:

Kesa.

Drama in vier Acten.

Morito	M. Otojiro Kawakami	Briganten: M. M. Hattori, Matsumato ꝛc. ꝛc.
Kesa	Mme. Sada Yacco		
Koromo, Mutter der Kesa	Mme. Naka		
Watabane, Nebenbuhler von Morito	M. M. Fugisawa		
Do-ji	Nazaki		

Erster Act: **Im Gebirge (Provinz Tomba). Die Höhle der Briganten.** Zweiter Act: **In einer Soirée. Das Haus von Watabane.**

☞ Erklärungen der japanischen Stücke in deutscher Sprache sind bei den Billeteuren zu haben. ☜

Nach dem zweiten Stück findet eine längere Pause statt.

Preise der Plätze inclusive Garderobegebühr:

Loge im Parterre für 4 Personen	24 K — h	Sperrsitz am Balkon, 1. Reihe	5 K — h
Balkon-Loge Nr. 9. für 6 Personen	36 „ — „	Sperrsitz am Balkon, 2 bis 5. Reihe	4 „ — „
Balkon-Loge Nr. 8 für 5 Personen	30 „ — „	Sperrsitz am Balkon, 6. bis 9. Reihe	2 „ 50 „
Balkon-Loge für 4 Personen	24 „ — „	Sperrsitz I. Gallerie, 1. Reihe, Mitte	2 „ 60 „
Loge im I. Rang Nr. 9 für 6 Personen	30 „ — „	Sperrsitz I. Galerie, 1. Reihe, Seite Nr 1—8	1 „ 80 „
Loge im I. Rang Nr. 8 für 5 Personen	24 „ — „	Sperrsitz I. Galerie, 2. u. 3. Reihe	
Loge im I. Rang für 4 Personen	18 „ — „	Sperrsitz I. Galerie, 4. bis 6. Reihe	1 „ 40 „
Loge im II. Rang für 4 Personen	14 „ — „	Sperrsitz I. Galerie, 7. bis 11. Reihe	1 „ 20 „
Logensitz	— „ — „	Gallerie, II Reihe, Sei e	1 „ 40 „
Orchestersitz	6 „ — „	Stehplatz in's Parterre	1 „ 40 „
Sperrsitz im Parquet, 1. bis 8. Reihe	5 „ — „	Galerie-Eintritt	— „ 80 „
Sperrsitz im Parquet, 9. bis 15. Reihe	4 „ — „		
Sperrsitz im Parterre, 1. bis 4. Reihe	3 „ — „		

☞ Block und Ermäßigungen ungiltig. — Freier Eintritt aufgehoben. ☜

Cassa-Eröffnung halb 7 Uhr. Anfang 7 Uhr. Ende nach 9½ Uhr.

Wochen-Spielplan.

Donnerstag den 20 Februar: „**Hoffmann's Erzählungen**", (III. Serie.) — Freitag den 21. Februar: „**Die Jüdin**", (IV. Serie.) — Samstag den 22 Februar: „**Vater Jacob**". (I. Serie.)

Druckerei "Leykam", Graz

Die Japanmode um 1900 ging auch an Graz nicht spurlos vorüber ...

I. Akt:

Des Ritters Wahn

Seit 1905 sandte Hermann Kienzl regelmäßig Berliner Theaterbriefe nach Graz: So wusste man an der Mur stets Bescheid, was an der Spree gegeben wurde. Ermutigt von diesem Vorbild, versuchte eines Tages auch Ernst Goll sein Glück und sandte einen Grazer Theaterbrief nach Marburg an der Drau – und siehe da, er stand wenig später schwarz auf weiß in der *Marburger Zeitung* zu lesen.

Wie schon sein Prolog der Vorfreude über den Kienzl-Vortrag vom Dezember 1908 ist auch dieser Grazer Theaterbrief vom Jänner 1910 ganz auf den überschwänglichen Ton der Verehrung gestimmt: Abermals schuf sich Goll, der sich von seinem eigenen, in allen Fragen des Lebens wirtschaftlich denkenden Vater längst nicht mehr verstanden fühlte, eine Vaterfigur, einen Ersatzvater; dabei stand ihm Ernst Ritter von Dombrowski Modell, ein aus dem Böhmischen gebürtiger Jagdschriftsteller, der seinen frühen Lebensabend in Graz zubrachte und hier eine rege publizistische Tätigkeit entfaltete. Seine ausgeprägt deutschnationale Gesinnung legte er nicht nur in Streitschriften wie „Auf dem Kriegspfad gegen Rom" nieder, er verlieh ihr auch in einer Reihe von Schauspielen Ausdruck, die alle im Druck erschienen, doch nur zum Teil das Licht der Bühne erblickten. Sein letztes Stück, „Ehelegende", wurde gar vom Wiener Burgtheater angenommen und dort im Februar 1918, wenige Wochen nach seinem Tod, uraufgeführt. Im Repertoire freilich konnte es sich ebenso wenig halten wie Dombrowskis frühere Dramen in Prosa und Vers. Fällt heute sein Name, denkt jedermann sogleich an seinen Sohn, den

Zuruffaufführung von E. v. Dombrowskis „Narrenliebe" in Graz am 17. Jänner.

Von Ernst Goll, Graz.

Wir schrieben den 17. Jänner. Ein doppelt denkwürdiger Tag. Im Kammermusiksaale kränzten sie „Pepo Marx" junge Stirne mit erstem Lorbeer. Und zur gleichen Stunde umbrauste im Stadttheater hundertstimmiger Jubel den Dichter der „Narrenliebe". Dombrowski zählt, nach Lebensjahren gemessen, zu den Jüngsten nicht mehr. Aber sein Herz blieb jung im Wandel der Tage. Und in dem fast Fünfzigjährigen grüßt die Jugend den rastlosen Streiter für ihr ewiges Recht.

Du Dichter! Kämpfer und Erfüller zugleich! Zu deinem „Atelier" mit dem Ausblick auf sonnenbeschienene Giebel und Dächer war's vor Jahresfrist. Du hattest uns deine Dichtung gelesen, dein Licht und Schmerzenskind. Und sprachst von der Aufführung über kurzem in Graz. Wir schüttelten ungläubig die Köpfe. Zu oft schon ward uns das Schöne vorenthalten vor anderem, zu selten durften wir es erleben, daß die Heimat ihren Dichter ehrte, dieweil er nicht schon gestorben war. Da wurde als Ereignis. Nach langem Versprechen, Verschieben und Wiederversprechen trat es ans Licht der Rampe: Narrenliebe. Ein deutscher Wahn.

Eine Berghöhle, tannenwipfelumrauscht. Hier haust in Abgeschiedenheit der Meister. Seit ihm die Jugend entfloh, verschloß er sich in Haß und Feindschaft vor der Welt. Aber Volkhart, den er sich zum Rächer erzog, sehnt sich mit zerspringendem Herzen nach den Wonnen des Lebens. Da naht Gottschalk, der Narr der Bergeinsamkeit, und erzählt dem Stillaufhorchenden die Geschichte von Traute, dem Königskind: Einmal, in Zeiten schwerster Not, ward dem König von Germanien ein Himmelsgeschenk. Ein rosig Kindlein lag, auf Blütenschnee gebettet, urplötzlich im Prunksaal der Burg. Niemand wußte, woher es kam. Ein Streifen Pergament, hinflatternd vor des Königs Füße, trug die rätselvollen Worte: „Einmal im Leben — Wird euch gegeben, — Was ihr begehrt, — Seid seiner wert! — Wahrt euch die Kleine, — Ihr ihre Reine — Ist sie das Glück. — Stillt all ihr Sehnen, — Wehret den Tränen, — Sonnenschein bloß — Sei ihr Genoß. Laßt ihr sie leiden — Wird bald sie scheiden, — Kehrt nie zurück!"

Wohl zetern Schranzen und Pfaffen: Ein Teufelsblendwerk narrt euch! Der König aber beugt sich lächelnd über die Blütenwiege:

„Das Kind bleibt mir, es sei das Königskind. Und wie sein Auge traut mich angeblickt, Sei Traute es genannt."

Neunzehn Jahre verrauschen. In immer holderer Schöne blüht Traute heran. Des Landes Glück ist wie verwandelt: Sieg, Glück und Segen überall. Da — ach Klage! — erblinden jählings des Königskindes blaue Augensterne und alles Unheil erneut sich wieder dem Lande ... Vom Meister erbittet Gottschalk Rat. Nach langem Kampfe entschließt sich der Hasser, mit Volkhart an den Königshof zu ziehen ... In wachen Träumen erschauen Trautes blinde Augen den Retter, den Geliebten. Und als Volkhart, vom Meister geleitet, den Königssaal betritt, stürzt sie mit ausgebreiteten Armen ihm entgegen. Eine süße Kinderliebe erblüht den beiden ... Aber um die Burg ziehen mit heiserem Krächzen Raben ihre Kreise: Unheil bereitet sich vor. Der Meister verbündet sich, seinen Rächerant zu üben, mit Kanzler und Erzbischof wider den König. — Wohl kennt der Germanenfürst die Grenzen seiner Kraft: im Übermaße des Gefühls erstickte ihm der Wille zur Macht.

„Drum bin ich auch der letzte deutsche König, Gar bald ein Schattenkönig ohne Volk; Im klugen Hirne hört das Deutschtum auf. Der erste deutsche Mann war treu und wahr, Und treu und wahr zu sein ist selten klug."

Und mit dem Schuldbewußtsein:
„Daß ich dem ganzen Volk ein Herzensfreund Und deshalb nie ein guter König war", legt der Alternde Krone und Schwert in Volkharts Hände:

„Nicht König, deutscher Herzog soll er sein Und Trautes Hand vertraue ich der seinen." Aufjauchzend breitet Traute ihre Hände:

„Das ist mir — Licht — ich sehe dich!"

Aber auf des Meisters Wink fassen Trabanten von rückwärts Volkharts Arme und entwaffnen ihn. Der König will retten, rächen — da trifft ihn des Meisters Schwert. Mit wahnsinnigem Aufschrei wirft sich der Narr über seines Herrn Leiche. Da entringt sich Volkhart mit gewaltiger Kraft den Häschern, entreißt einem Trabanten das Schwert und schwingt es hoch über seinem Haupte:

„Jetzt Raum dem Herzog!"

Nun hebt der Meister seinen Stahl gegen Traute. Doch ehe er den tödlichen Streich vollendet, tönt aus unsichtbaren Fernen ein Harfenlied, das Motiv Trautes, das Lied der Jugend, die nicht sterben kann. Wie vom Blitz gerührt läßt ihn der Meister des Thrones Stufen entseelt zu Boden. Vom Hofe her bringt roter Feuerschein, Waffenklirren, Rufe: „Heil dem Herzog!", dann anschwellend, brausend, alles übertönend: Die Wacht am Rhein. Langsam erhebt sich der Narr von des Königs Leichnam. Schwarz und scharf zeichnet sich seine Silhuette vor dem rotumglühten Bogenfenster. Und als der brausende Sang verhallt, steigt er armausbreitend die Stufen nieder:

„Wir steh'n am Markstein einer neuen Zeit, Der gold'nen Zeit, Die jeden erdenfremden Glauben tilgt Und nur den Tiefsten alle Tore weitet: Dem Glauben, den Erkenntnis aus dem Schoß Erlöster, nicht mehr blinder Liebe hebt; Dem Glauben, den sein Wissen scheuchen darf, Der nichts verlangt, beglückend alles spendet: Dem großen, heil'gen Glauben an uns selbst."

In Sehnsucht und Hoffnung klingt das Nachspiel aus; Traute, ein Kind unter dem pochenden Herzen, wird vom Gottschalk in die Einsamkeit des Bergwaldes geleitet, hier des Kindes zu warten. — Nun wissen wir es: Traute, die mütterliche ist das deutsche Volk, das, unvergänglich, sich immer aus sich selbst erneut. Gottschalk, der Narr, ist die Verkörperung der in ihrer Einfalt und ihrem Vertrauen so oft getäuschten, so oft verspotteten und genarrten deutschen Treue, das Kind aber, das ersehnte, ist Deutschlands Hoffnung und Zukunft. Aus Tannenzweigen bereitet Gottschalk Trauten das Lager. Und in träumenden Mollakkorden verklingt das Stück:

„Ich glaube an das Schöne in uns Menschen Und an den deutschen Wald."

Langsam fiel der Vorhang. — Minutenlange Stille, dann brach ein Beifallssturm durch das Haus. Tobend, jauchzend, sieghaft, über alle Dämme und Schranken des Herkömmlichen mußten Dichter und Darsteller an die Rampe. Und als das Haus sich schon mählich leerte, hielt noch die Jugend stand und huldigte ihrem Meister mit Jubel und Lorbeerkronen.

Dr. Alberty gab uns den Getreuen im Narrenkleide größer und schöner als wir ahnen konnten. Die Traumerzählung und den Schluß des Aktes hob er ins Große. Ein Weckruf scholl vom Berge und weckte Widerhall. — Lori Weisers süße Märchenkinderstimme bewegte die Herzen. Und Andacht ging durchs Haus, wenn diese Glocke sang. Ein Echo aus Purschians Aera? Ein Morgengrauen kommender Tage? Ich weiß es nicht ... Aber ein Ahnen überkam mich von schöneren Zeiten, und eines nahenden Siegs Gewißheit erblühte mir in der Ahnenden, singenden Seele.

„Ich glaube an das Schöne in uns Menschen, Und keine Weisheit soll es mir beflecken!"

gleichnamigen Graphiker und Illustrator dutzender Bücher, von Stifter bis Waggerl, während der NS-Zeit in der Steiermark so etwas wie der Paul Anton Keller der bildenden Künstler, zu allen Zeiten eine Leitfigur der heimischen Antimoderne, Träger des berühmt-berüchtigten „Rosegger-Ehrenpreises" von anno 1971[27]. Der Senior jedoch, der sich noch „Ritter" nennen durfte, ist heute vollkommen vergessen. Am Vorabend des Ersten Weltkriegs aber war er in Graz eine stadtbekannte Erscheinung, hatte einen Kreis junger Schwärmer und Adoranten um sich versammelt, dem auch Ernst Goll angehörte, zumindest vorübergehend.

---

[27] Er wurde gestiftet von rechtskonservativen Kreisen aus Protest gegen die Verleihung des Rosegger-Preises an Wolfgang Bauer im Jahr zuvor.

Zur Uraufführung von Dombrowskys „Narrenliebe"[28]

[1] Wir schrieben den 17. Jänner. Ein doppelt denkwürdiger Tag. Im kleinen Kammermusiksaale kränzten sie Pepo Marx's junge Stirne mit erstem Lorbeer. Und zur gleichen Stunde umbrauste im Stadttheater hundertstimmiger Jubel den Dichter der „Narrenliebe".
Dombrowsky zählt[,] nach ~~Ja~~ Lebensjahren gemessen, zu den jüngsten nicht mehr. Aber sein Herz blieb jung im Wandel der Tage. Und in dem <40>jährigen grüßt die Jugend den rastlosen Streiter für ihre ewigen Rechte.
Du Dichter! Kämpfer und Erfüller zugleich! In deinem „Atelier" mit dem Ausblick auf sonnebeschienene Giebel und Dächer war's vor Jahresfrist:
Du hattest uns deine Dichtung gelesen, dein Licht- und Schmerzenskind, und sprachst von der Aufführung über
[2] kurzem in Graz. Wir schüttelten ungläubig die Köpfe. Zu oft schon ward uns das Schöne von andern vorenthalten, zu selten durften wir es erleben, daß die Heimat ihren Dichter ehrte, dieweil er nicht schon gestorben war.
Da wurde es Ereignis. Nach langem Versprechen, Verschieben und Wiederversprechen kam es ans Licht der Rampe: Narrenliebe. Ein deutscher Wahn.

---

[28] Näheres zur Textgestalt und Publikationsgeschichte im editorischen Anhang, S. 166f.

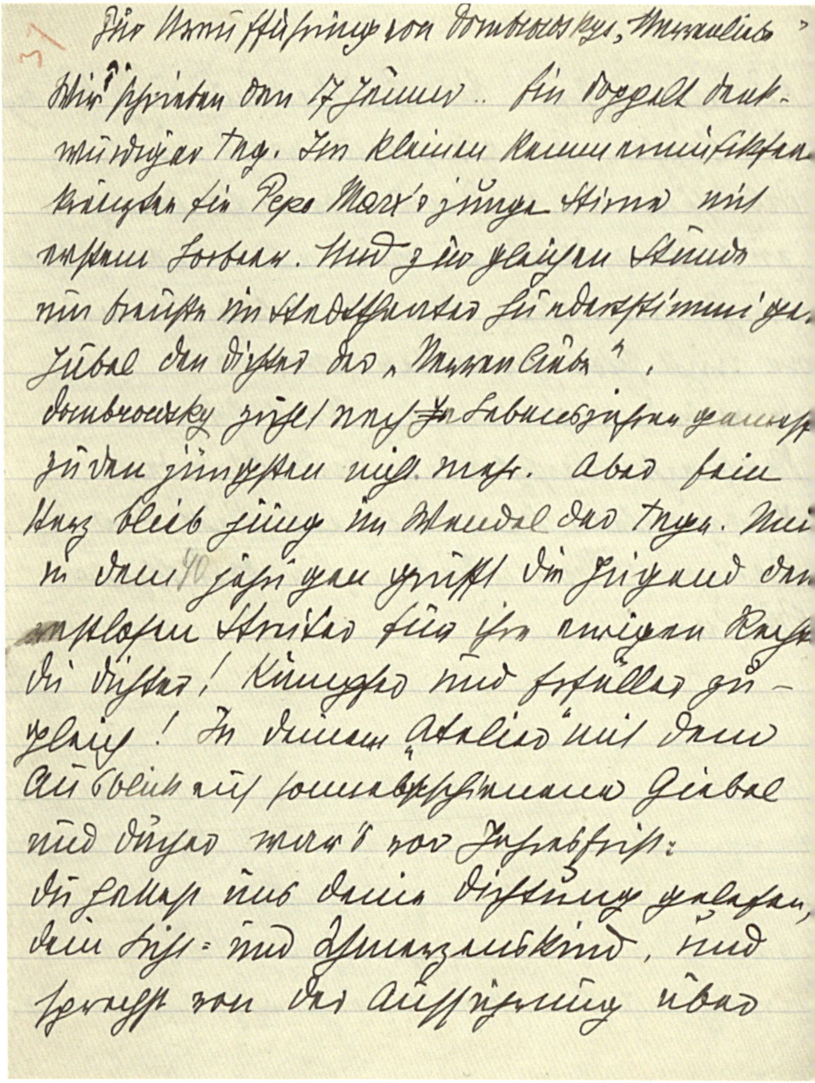

Beginn der Handschrift.

Eine Berghöhle, tannenwipfelumrauscht. Hier haust in Abgeschiedenheit <del>Eckart</del>der Meister. Seit ihm die Jugend entfloh, verschloß er sich in Haß und Feindschaft vor der Welt. Aber Volkhart, der Jüngling, den er sich zum Rächer erzog, sehnt sich mit zerspringendem [3] Herzen nach den Wonnen des Lebens. Da naht, ein Abgesandter <del>vom Ko</del> von Germaniens Königshofe[,] Gottschalk, der Narr, der Bergeinsamkeit und erzählt den Stillaufhorchenden die Geschichte von Traute[,] dem Königskind: <del>In sch Zeiten schwerster Not ward dem König ein Himmelsgeschenk</del> Einmal, in Zeiten bitterster Not, <del>geschah</del> ward dem König ein Himmelsgeschenk: Ein rosig Kindlein lag, in Blütenschnee gebettet[,] urplötzlich im Punksaal der Burg. Niemand wußte, woher es kam. Ein Streifen Pergament, hinflatternd zu des Königs Füßen, trug die rätselvollen Worte:

    Einmal im Leben
    Wird euch gegeben,
[4]   Was ihr begehrt,
    Seid seiner wert.
    Wahrt euch die Kleine,
    In ihrer Reine
    Ist sie das Glück.
    Stillt all ihr Sehnen,
    Wehret den Tränen,
    Sonnenschein bloß
    Sei ihr Genoß.
    Laßt ihr sie leiden,

> Wird bald sie scheiden,
> Kehrt nie zurück!

Wohl zetern Schranzen und Pfaffen:
Ein Teufelsblendwerk narrt euch,
der König aber beugt sich lächelnd
zur Blütenwiege:
> Das Kind bleibt mir, es sei das Königskind
> Und wie sein Auge traut mich angeblickt
> Sei Traute es genannt.

[5] Neunzehn Jahre blüht Traute zu immer
holderer Schönheit heran. Des Landes Ge-
schick ist wie verwandelt: Sieg, Glück
und Segen überall. Da – ach Klage! [–]
erblinden jählings des Königskindes
blaue Augensterne und alles Unheil
erneut sich wieder dem Lande ...
Vom Meister erbittet Gottschalk Rat. Nach
langem Kampf entscheidet sich der Hasser[,]
mit Volkhart an den Königshof
zu ziehen ...
In wachen Träumen ~~schaut Traute~~
erschauen Trautens blinde Augen den
Retter, den Geliebten. Und als Volkhart,
vom Meister geleitet, den Saal betritt,
stürzt sie mit ausgebreiteten Armen ihm entgegen:
> Er ist's! Mein Held!

[6] ~~Narr S. 20 21~~ Eine süße Kinderliebe
erblüht den beiden ... Um die Burg
aber ziehen mit heisrem Krächzen
Raben ihre Kreise. Unheil bereitet sich
vor. Der Meister verbündet sich, sein
Rächeramt zu üben, mit Kanzler und
Erzbischof wider den König.
Wohl kennt der ~~König Her~~ Germanenfürst selbst seine Schwäche: Im Über-

Rubin-Bibliothek.

Das gedruckte Manuskript zu „Narrenliebe" von Ernst Ritter v. Dombrowsky erscheint im **Rubinverlag München** für sämtliche Bühnen des In- und Auslandes. Das Aufführungsrecht ist ausschließlich nur vom „Rubinverlag München" zu erwerben.

Der Verfasser.

Narrenliebe
Ein deutscher Wahn.

mit 3 Aufzügen mit einem Vor- und einem Nachspiel

von

Ernst Ritter von Dombrowsky.

M. & W. Köhler's Rubinverlag München
Verlags-Buchhandlung,
Verlag und Vertrieb dramatischer Werke.

„Narrenliebe" von Ernst Ritter von Dombrowsky darf ohne Vereinbarung mit uns **nicht** aufgeführt werden. Der Besitz oder Erwerb eines gedruckten Manuskriptes berechtigt nicht zur Aufführung. Das gedruckte Manuskript kann nur mit unserer Genehmigung behufs Aufführung benützt oder vervielfältigt werden. Alle Rechte der Aufführung, Uebersetzung, Bearbeitung und Vervielfältigung, sowie sämtliche Urheber- und Verlagsrechte unbeschränkt vorbehalten.

M. & W. Köhler's Rubinverlag München
Bevollmächtigter Vertreter des Verfassers

Cover der Erstausgabe von Ernst von Dombrowskis Stück „Narrenliebe".

maß des Gefühls erstickte ihm der
Wille zur Macht.
> Drum bin ich auch der letzte deutsche König
> Ein Schattenkönig ohne Volk;
> Im klugen Deutschen hört das Deutschtum auf,
> Der echte deutsche Mann war treu und wahr,
> Und treu und wahr zu sein ist selten klug.

~~Mit diesem Schuldb~~ Und mit dem Schuldbe-
[7] kenntnis: Daß ich dem ganzen Volk ein Herzensfreund / Und deshalb nie ein guter König war, legt der
Alternde Krone und Schwert in Volkharts Hände:
> Nicht König, deutscher Herzog soll er sein,
> Und Trautes Hand vertraue ich der seinen[.]

~~Mit einem Jauchz~~ Aufjauchzend
breitet Traute ihre Hände: Was ist mir –
Licht – – ich sehe dich!
Aber auf des Meisters Wink fassen
Trabanten von rückwärts Volkharts
Arme und entwaffnen ihn. Der
König will retten, rächen – da trifft
ihn des Meisters Schwert. Mit wahn-
sinnigem Aufschrei stürzt sich der
Narr über seines Herrn Leiche.
Da entringt sich Volkhart mit ge-
[8] waltiger Kraft den Händen der Häscher,
entreißt einem Trabanten das
Schwert und schwingt es hoch über
dem Haupte:
> Jetzt Raum dem Herzog!

Da hebt der Meister seinen Stahl
gegen Traute: Doch ehe er den
tödlichen Streich vollendet[,]
tönt aus unsichtbaren Fernen ~~Traute~~
ein Harfenlied – Trautens Motiv –[,]
das Lied der Jugend, die nicht

Portrait Lori Weiser.
Quelle: Festschrift zur Wiedereröffnung des Grazer Schauspielhauses 1964.

sterben kann. Wie vom Blitz gerührt
sinkt er an des Thrones Stufen
entseelt zu Boden.
~~Da bricht roter Feuerschein durch~~
Vom Hofe her bricht roter Feuerschein, Waffen klirren, Rufe: Heil
dem Herzog, dann, anschwellend,
[9] brausend, alles übertönend „Die
Wacht am Rhein".
Langsam erhebt sich der Narr von
des Königs Leichnam. Schwarz und
scharf ~~hebt~~ <zeichnet> sich seine Silhouette ~~von~~ <vor
den> rotumglühten Bergmassen ~~ab~~.
Und als das brausende Lied
verhallt, steigt er armausbreitend
die Stufen nieder:

> Wir stehen am Markstein einer neuen Zeit,
> Der goldnen Zeit,
> Die jeden erdenfremden Glauben tilgt,
> Und nur dem tiefsten alle Tore weitet:
> Dem Glauben, den Erkenntnis aus dem Schoß
> Erlöster, nicht mehr blinder Liebe hebt;
> Dem Glauben, den kein Wissen scheuchen darf,
> Der nichts verlangt, beglückend alles spendet –
> Dem großen, heilgen Glauben an uns selbst!

[10] In Sehn~~süchtig~~ ~~Akkorde~~ <und Hoffnung> klingt das
Nachspiel aus: Traute, ~~die sich Mutter
fühlt~~ ein Kind unter dem pochenden
Herzen wird vo~~m~~ <n> ~~getreuen Herrn~~
Gottschalk in die Einsamkeit geleitet,
ihres Kindes zu warten. Nun wissen
wir es: Traute, die mütterliche, ist
das deutsche Volk, das ~~ewig~~ unver-
gängliche, der Narr – das ist die

in ihrer Einfalt und ihrem Vertrauen
so oft verfehlte, so oft geschmähte
und genarrte deutsche Treue. –
Das Kind, das ungeborene, ist Deutschlands
~~hoffende Zuversicht~~ Hoffnung und Zuversicht.
Aus <Moos> und Tannenzweigen bereitet Gottschalk
Trauten das Lager. Und in träumen-
den Mollakkorden verklingt das Stück:
[11] Dann senkt sich langsam der Vorhang.
Minutenlange Stille. Dann brach
ein Beifallssturm durchs Haus. Tobend,
jauchzend, sieghaft, über alle Dämme
und Schranken des Jeerlebten. Un-
zähligemale mußten Dichter und
Darsteller an die Rampe. Und als
das Haus sich schon mählich leerte,
hielt noch die Jugend stand, die
stürmende, drängende[,] und huldigte
ihrem Verkünder mit Jubel und Lorbeerkronen ...
Dr. Alberty gab uns den Getreuen im
Narrenkleide größer und schöner, als
wir ahnen konnten. Die Traumerzählung und den Schluß des dritten
Aktes hob er ins Große ...
[12] Ein Weckruf scholl vom Berge und
weckte Widerhall: Lori Weisers
süße Märchenkinderstimme bewegte
die Herzen und Andacht gieng
durchs Haus, wenn diese Glocke
sang ...
Ein Echo aus Purschians Aera?
Ein Morgengrauen kommender
Tage? Ich weiß es nicht ... Aber

ein Ahnen überkam mich von ~~besseren~~
schöneren Zeiten und eines nahenden
Sieges Gewißheit erblühte mir in
der klingenden, singenden Seele:
      Ich glaube an das Schöne in uns Menschen
      Und keine Weisheit soll es mir beflecken.

Titelzeile, Dombrowsky: Bei der Schreibung des Namens folgt Golls Manuskript der Buchausgabe im Münchner Rubin-Verlag 1909. In der Druckversion der *Marburger Zeitung* ist die Schreibung des Namens berichtigt.

1,4, Pepo Marx: Gemeint ist der Komponist Joseph Marx (1882–1964), der vor allem als Liederkomponist in der Nachfolge von Hugo Wolf bis zum heutigen Tag internationale Beachtung erfährt. Weniger bekannt sind seine symphonischen Dichtungen, seine an den französischen Impressionismus gemahnenden Klavierstücke und seine Kammermusik, trotz etlicher Einspielungen in jüngster Zeit. Das Jahr 1910 wurde zu seinem annus mirabilis: In diesem Jahr drang sein Ruf als Komponist von den Grazer Konzertsälen hinaus in die Welt. Den Auftakt bildete der Debussy-Marx-Abend, den der Akademische Richard-Wagner-Verein am Abend des 17. Jänner 1910 zeitgleich mit der Uraufführung von Dombrowskis Stück veranstaltet hat.
Goll, dessen Hoffnung, Marx werde eines seiner Gedichte vertonen, nicht in Erfüllung ging, widmete dem Komponisten, in welchem Jahr, ist nicht mehr zu ermitteln, einen lyrischen Namenstagsgruß (GW 190).

1,5, Stadttheater: Ein von den Wiener Architekten Fellner & Helmer entworfener Repräsentationsbau im Neobarockstil, errichtet zwischen April 1898 und September 1899, eröffnet am 17. September 1899 mit einer Aufführung von Schillers „Wilhelm Tell". In den ersten Jahren waren auf dieser neuen Bühne sowohl Sprechstücke als auch Musikdramen zu sehen; erst unter Heinrich Hagins Nachfolger Julius Grevenberg kam es zu einer klaren Aufgabenteilung: Das alte Theater am Franzensplatz (heute Freiheitsplatz) wurde zum Schauspielhaus, das Stadttheater zur Grazer Oper.[29]

1,10, <40>jährigen: Dombrowski war zum Zeitpunkt der Uraufführung 48 Jahre alt. In der Druckfassung steht an dieser Stelle: „Und in dem fast Fünfzigjährigen ..."

---

[29] Vgl. dazu Volker Klostius: Das Stadttheater – ein Schmerzenskind. In: Richard Strauss' Grazer *Salomé*. Hg. von Andrea Zedler und Michael Walter. Wien, Berlin 2014, S. 179–224.

Grazer Stadttheater.
Quelle: Steirisches Verkehrsbuch von 1912.

1,13, Atelier: Brunngasse 7 war laut Kürschners Deutschem Literatur-Kalender auf das Jahr 1911 Dombrowski damalige Grazer Adresse. Die Brunngasse liegt im Grazer Universitätsviertel, unweit des Stadtparks. Wenige Jahre später wohnte dort auch Golls Freund und Nachlassverwalter Julius Franz Schütz.

1,16, Du hattest uns aus deiner Dichtung gelesen: Anspielung auf den Kreis junger, kunstbeflissener Grazer, den Dombrowski damals um sich versammelt hat. Zu diesem Kreis gehörte auch der Kunsthistoriker Alfred Fritsch (1884–1963), später als Fred Fritsch ein viel beschäftigter Grazer Kulturjournalist. Wie Goll gehörte er dem Akademischen Richard-Wagner-Verein an; sein Verhältnis zu Dombrowski, dessen „Narrenliebe" er im *Grazer Tagblatt* vom 18. Jänner eine eingehende, viele Spalten lange Betrachtung widmete, scheint aber um einiges enger gewesen zu sein: Die Erstausgabe des Versdramas „Mona Lisa" von 1911 ist Fritsch gewidmet, und für September 1912, zum 50. Geburtstag des Autors, kündigte der Grazer Verlag August Seelig's Nachfolger unter dem Titel „Letzter Frühling" einen Band gesammelter Gedichte Ernst Ritter von Dombrowskis an, „mit einem Bildnis des Dichters und einer Einleitung von Dr. Fred Fritsch". Es blieb allerdings bei der Ankündigung; das Buch ist nie erschienen.

11,13, Dr. Alberty: War in der Spielzeit 1909/10 Oberregisseur der Grazer Bühnen, verließ sie jedoch im Frühjahr 1910 nach einem Zwist mit Direktor Hagin. Während seiner Grazer Zeit trat Max Alberty auch als Feuilletonist in Erscheinung. Als seinen persönlichen Beitrag zum Schillerjahr 1909, das im deutschnational geprägten Graz mit großem Aufwand begangen wurde, verfasste er für die *Tagespost* die Betrachtung „Schiller und das moderne Theater" (erschienen im Morgenblatt vom 9. November 1909).

12,2, Lori Weiser: Später Lori Weiser-Lauter, 1878 in Wien geboren, kam früh nach Graz und wurde hier als junge Schauspielerin die Muse Ernst Ritter von Dombrowskis, der ihr sein Stück „Waldbrand" widmete und sie in einem anderen Stück „Lena. Drei Akte aus dem Leben einer Schauspielerin" abkonterfeite.
In der Saison 1909/10, in der die Novität „Narrenliebe" herauskam, war sie in sehr vielen schwankhaften Rollen zu sehen, daneben aber

auch als Käthchen von Heilbronn und in der Titelrolle von Ibsens Nora. Während für Raoul Aslan, mit dem zusammen sie damals in mehreren Aufführungen mitwirkte, Graz nur eine Zwischenstation war, zog Lori Weiser nicht weiter, sondern blieb hier und wurde zu einer Institution. „Noch in der Zeit, in der sie als Gast in Erscheinung trat, war sie ein ausgesprochener Liebling des Grazer Theaterpublikums", erinnerte sich Rudolf List. „Der Schauspielunterricht, den sie durch mehr als drei Jahrzehnte erteilte, galt als Vorbild solcher Unterrichtung."[30] Zu Lori Weisers Schülerinnen zählte u. a. Angela Salloker. Sie starb 1966 in Graz und ist auf dem Mariatroster Friedhof begraben. Ihr Adoptivsohn war Rudolf Lenz, in den 1950er Jahren als „Förster vom Silberwald" der König des deutschsprachigen Heimatfilms.

12,7, **Ein Echo aus Purschians Aera?**: Der eifrige Kienzl-Leser Goll neigte dazu, die Ära Purschian zu glorifizieren, was ihm umso leichter fiel, da er sie nur aus der Ferne miterlebt hatte: Als Purschian die Leitung der Grazer Bühnen übernahm, beendete Goll gerade sein zweites Gymnasialjahr in Marburg an der Drau, als die Ära Purschian endete, war er noch nicht nach Graz übersiedelt.

---

[30] Steirischer Kalender: Lori Weiser. In: *Südost-Tagespost* vom 28. März 1973.

Die deutschnationalen Blätter feierten Dombrowskis Stück als große literarische Tat, die bürgerlich-liberale *Tagespost* formulierte einige vorsichtige Einwände, das christliche *Grazer Volksblatt* blieb höflich, lobte Inszenierung und Darsteller, offen ablehnend war hingegen der sozialdemokratische *Arbeiterwille*. Da ein Werk von Dombrowski niemals eine rein literarische Angelegenheit war, sondern immer auch ein eminentes Politikum, ließ man den jungen Theaterreferenten der Zeitung, Paul Klobučar (wie Goll und Fritsch Mitglied im Akademischen Richard-Wagner-Verein) lediglich die Leistungen der Schauspieler beurteilen, mit dem Stück selbst setzte sich Chefredakteur Michael Schacherl auseinander:

„Der Beifall, der durch die Verwendung der ‚Wacht am Rhein' am Schluß des dritten Aktes erweckt wurde, kann den Autor nicht darüber hinwegtäuschen, daß das Stück eine Totgeburt ist. Mit den Allegorien und Symbolen haben die besten deutschen Dramatiker der Gegenwart, wie Hauptmann, Schiffbruch gelitten [...] Umso weniger ist es Herrn Dombrowski gelungen, lebendige Gestalten zu schaffen. Was da über die Bühne schreitet, sind blutleere Schatten. Dabei kreuzen sich die Probleme und Allegorien in verworrenster Weise. Die Überwindung des Über- und Herrenmenschentums Nietzsches, des krassen Egoismus durch den Altruismus, des pessimistischen Alters durch die hoffnungsvolle Jugend, des Familiensinnes durch die Pflichten gegen die Allgemeinheit, des unechten Christentums durch das echte deutsche christliche Germanentum – das schwimmt durcheinander, um schließlich in einem lächerlichen Aktschluß zu enden, wo der edle König von dem Nietzsche-Herrenmenschen erstochen wird, der trotz seiner Erziehung idealistische Jüngling einem Dutzend Lanzknechte entspringt, und der Herzog der Deutschen wird, der Übermensch von den Saitenklängen seiner Jugend gerührt tot zu Boden fällt, und so weiter. Im ganzen Theater war kein Mensch, der verstanden hätte, was der Verfasser wollte – und nicht aus Unverstand, sondern aus der Schuld des Verfassers."[31]

Das Stück wurde im Grazer Stadttheater keine fünf Mal wiederholt, dennoch verkündete sein Münchner Bühnenverlag Rubin „einen sensationellen Erfolg" und druckte einen Pressespiegel: Die kritische Stimme des *Arbeiterwillen* wurde darin durch die zustimmende der *Münchner Neuesten Nachrichten* ersetzt; Ernst Goll ist in diesem Pressespiegel der einzige namentlich genannte Kritiker – eine durchaus zweifelhafte Ehre.

KÖHLER'S RUBINVERLAG MÜNCHEN

Narrenliebe

Ein deutscher Wahn von Ernst Ritter von Dombrowsky.

Bei der Uraufführung am Stadttheater in Graz den 17. Januar 1910 mit sensationellem Erfolge aufgeführt.

===== Pressestimmen: =====

Pressespiegel des Münchner Rubin-Verlages zur Uraufführung von Dombrowskis Narrenliebe, 1 Blatt.
Quelle: Franz-Nabl-Institut, Graz.

---

[31] *Arbeiterwille* Nr. 18 vom 19. Jänner 1910.

II. Akt:

Ihr naht euch wieder, Schwankgestalten!

Hatte Goll in seinem ersten – und letzten – Grazer Theaterbrief noch hoffnungsvoll „ein Morgengrauen kommender Tage" heraufdämmern sehen, so präsentierte sich ihm nur wenige Tage später der Grazer Theaterhimmel erneut in den schwärzesten Farben:

Der dunkle Punkt[32]

[1] Und siehe: die Theaterleitung fügte zu der schwarzen Liste ihrer Novitäten noch einen „dunklen Punkt". Vor solcher Unbefangenheit beug' ich mein Haupt. Freilich steht ~~der harmlose Schwank – Lustspiel ist ein unverdientes Adelsprädikat – auch auf dem Spielplan <auch> des k. k. Hofburgtheaters, aber was ist unter Schlenther nicht hoftheaterfähig?~~
Der harmlose Schwank – Lustspiel ist ein unverdientes Adelsprädikat – stammt aus dem En gros-Hause Kadelburg und Presber. Erzeugnisse ~~ähnlicher~~ solcher Firmen haben selten qualitativen Wert, die Fabel ist schnell erzählt: Des ahnenstolzen Freiherr[n] von der Dühnen Sohn freit um des Majors Kuckrott

---

[32] Näheres zur Textgestalt im editorischen Anhang, S. 168.

Tochter Else. An der Braut und
[2] ihren Eltern findet der pretentiöse
Freiherr nichts auszusetzen: Das Mädchen ist hübsch, gesund und liebenswert,
der Wappenschild der Eltern rein.
Aber der Sohn des Hauses bewirbt
sich um die Tochter des Kommerzienrates Chr. Adam Brinkmeyer,
dessen Sohn, ein junger Maler[,] vor
Jahren sein Modell, die Tochter
eines – Schusters zum Traualtar
geführt hatte. Grund genug
für Freiherr von [der Dühnen?] seinem
Sohn die Bewilligung zur Ehe
mit Else v. Kuckrott zu verweigern. Der gemaßregelte Sohn
~~widersteht seinem Vater kaum~~
leistet kaum Widerstand – wohl
hauptsächlich den beiden Verfassern zu Gefallen, die die
[3] Handlung fortspinnen möchten.
Denn erst muß Freiherr von der
Dühnen im eigenen Hause einen
dunklen Punkt entdecken:
Seine Tochter Mary, die – niemand
weiß warum – in Amerika lebt,
hatte einem – Neger die Hand
fürs Leben gereicht. Nun zerbricht
der Stolz des Vaters. Doppelte
Verlobung, Anerkennung der
Negerehe – voilà sont.
Hr. Schroth als Freiherr von der Dühnen
schien im ersten Akt stark
outriert. Doch rechtfertigen die
folgenden Akte die ~~ablehnende~~ <aufgeblasene>

Handschrift „Dunkler Punkt".

Steifheit <in> ~~der ersten Szenen~~ seiner Darstellung in vollem Maße. Die Wandlung von unnahbarem ~~Stolz~~ Streng[e] zu völliger Zerknirschtheit und [4] demütigem Nachgeben brachte er überzeugend zum Ausdruck.
Herr Gildemeister und Hr. Großmann stellten als Major v. Kuckrott und Kommerzienrat Brinkmeyer ~~prächtige Typen. Ella Staerck~~ natürliche Menschen. Ella Staerck schwelgte ~~ech~~ in ihrem Element. Der Typus des lachenden, liebenden jungen Mädchens liegt ihr am besten, weil es der Typus ist ihrer selbst. Herr Höller gab der arg verzeichneten Gestalt des Negerschwiegersohnes mit dem verstümmelten Deutsch Töne echten Gefühls, das weise Maß seiner Darstellung.

Seite 2 und 3 von Golls Bleistiftmanuskript vom Februar 1910.

Der dunkle Punkt, ein Lustspiel in 3 Akten, feierte 1909 in Wiesbaden seine Premiere. „In diesem Stück haben [...] der unverkennbare Komödienstil des feinsinnigen und espritvollen Satirikers Rudolf Presber und die schlagfertige gewandte Bühnenroutine Kadelburgs eine gute ‚Berliner Mischung' ergeben", wie Wilhelm Clobes in seiner biographischen Studie „Rudolf Presber, ein rheinisches Dichterleben" (1910) bemerkt, ohne näher auf Gehalt und Handlung des Stücks einzugehen. Keiner der beiden Autoren allerdings war Berliner, beide jedoch lebten und arbeiteten sie, wie ein Blick in Kürschners Kalender beweist, damals in Berlin, daher wohl das wohlklingende Prädikat „Berliner Mischung". Während des Zweiten Weltkriegs kam die Komödie „Der dunkle Punkt" (1940) in die Kinos des Dritten Reichs, mit Mady Rahl in der Hauptrolle. Dabei handelt es sich jedoch, den Inhaltsangaben zufolge, nicht um eine Verfilmung des vorliegenden Schwanks.

1,6, auch auf dem Spielplan <auch> des k. k. Hofburgtheaters: Eine solche Aufführung ist nicht nachweisbar, wohl aber eine lange Aufführungsserie am Düsseldorfer Schauspielhaus (Frühjahr 1910) und eine Inszenierung am Berliner Schillertheater (Herbst 1911).

1,8, Schlenther: Gemeint ist der damalige k. k. Hofburgtheaterdirektor Paul Schlenther (1854–1916).

1,12f., aus dem En gros-Hause Kadelburg und Presber: Ein solches Haus hat nie existiert. Gustav Kadelburg (1851–1925), ein Komödiant, der sich nach zahlreichen Bühnenengagements im ganzen deutschen Sprachraum auf das Komödienschreiben verlegte, betrieb jahrelang zwei Schreibwerkstätten zur Fabrikation publikumswirksamer Schwänke: eine mit Oskar Blumenthal, die zweite mit Franz von Schönthan. Der Firma Blumenthal & Kadelburg verdankt

Portrait Rudolf Presber.
Quelle: Rudolf Presber, ein rheinisches Dichterleben, Berlin 1910.

Theater am Franzensplatz.

Direktion: Heinrich Bagin.

Anfang ½ 8 Uhr. **Anfang ½ 8 Uhr.**

Samstag den 5. Februar 1910

Neuheit! **Zum 1. Male:** **Neuheit!**

Der dunkle Punkt

Lustspiel in 3 Akten von Gustav Kadelburg und Rudolf Presber.

Regie: Dr. Alfred Möller.

Personen:

Ulrich von Kuckrott, Major a. D.	Fritz Gildemeister
Tusnelda, seine Frau	Else Gobeck
Hans, } deren Kinder	Georg Menvelt
Else, }	Ella Staerck
Gebhard Freiherr von der Dühnen	Karl Schroth
Marie Luise, seine Frau	Rosa Faffer
Emmerich, sein Sohn	Max Brückner
Christian Adam Brinkmeyer, Kommerzienrat	Alois Großmann
Lotti, seine Tochter	Lori Weiser
Dr. Roby Woodleigh	Max Höller
Ida, Mädchen bei Kuckrott	Marie Lamberg
Anton, Diener bei Dühnen	Geza Krisch

Zeit: Gegenwart. — Ort: Erster Akt: Berlin; Zweiter und dritter Akt: auf Schloß Dühnen, in der Nähe von Berlin.

Nach der ersten Aufzuge findet eine längere Pause statt.
Büfett im Redouten-Saale.

Gewöhnliche Preise
einschließlich der Kartensteuer für die Mitglieder-Pensions-Versicherung.

Parterre-Logen, 4 Personen	K 12.50	Sperrsitze, II. Rang, 2. Reihe, Mitte	K 1.80
I. Rang-Logen, 4 Personen	12.50	Sperrsitze, II. Rang, 2. Reihe, Seite	1.—
II. Rang-Logen, 4 Personen	7.70	Sperrsitze, II. Rang, 3. Reihe	1.—
III. Rang-Logen, 4 Personen	5.80	Sperrsitze, III. Rang, 1. Reihe	1.30
Logensitze, kurz vor Beginn der Vorstellung	5.—	Sperrsitze, III. Rang, 2. Reihe	1.—
Orchestersitze, 1.—2. Reihe	2.80	Sperrsitze, IV. Rang, 1. Reihe	1.30
Parkettsitze, 1.—9. Reihe	2.50	Parterre-Eintritt	—.70
Parterresitze, 1.—2. Reihe	2.—	Eintritt III. Rang	—.70
Sperrsitze, II. Rang, 1. Reihe	2.50	Eintritt IV. Rang	—.49

Blockkarten giltig.

Kasse-Eröffnung 7 Uhr. **Anfang halb 8 Uhr.** **Ende vor 10 Uhr.**

Nach Schluß der Vorstellung Tramway-Verkehr.

Textbücher zu allen Opern und Operetten, sowie ein reichhaltiges Lager an Büchern und Musikalien empfiehlt **Max Pock, Rathaus.** Größte Musikalien-Leihanstalt.

Theaterzettel zur Grazer Erstaufführung des „Dunklen Punkts".

die Welt „Das weiße Rössl", die schwankhafte Vorlage des späteren Operettenerfolgs, die in Graz bereits im „goldenen Zeitalter" Otto Purschians zu sehen war.

3,12, Hr. Schroth: Der Schauspieler Carl Schroth entstammte einer elsässischen Komödiantenfamilie. Bereits 1901 gastierte er in Graz, mit Hauptmanns „Versunkener Glocke", aus dem Gastspiel wurde bald ein jahrelanges Engagement; später wechselte er an das Theater in der Josefstadt, Wien. Er starb 1916 in Straßburg.

4,2, Herr Gildemeister und Hr. Großmann: Fritz Gildemeister (1872 in Bremen geboren, Sterbedatum nicht ermittelbar) und Alois Großmann (1877–1929), zu diesem Zeitpunkt Ensemblemitglieder der Grazer Bühne.

4,7, Ella Staerck: Sie spielte bald darauf eine weitaus anspruchsvollere Rolle: Evchen Humbrecht, die weibliche Hauptfigur in dem Sturm-und-Drang-Drama „Die Kindermörderin (s. den nächsten Abschnitt). Eine gebürtige Grazerin, laut Kosch-Theaterlexikon Jahrgang 1890, wurde Ella-Maria Staerk in Wien zur Schauspielerin ausgebildet, debütierte 1907 in Danzig und hatte dann für einige Jahre ein festes Engagement in der Heimat, im Grazer Ensemble, ehe sie 1913 ans Schillertheater nach Berlin ging. Dort arbeitete sie auch für den noch jungen Rundfunk; von ihrer literarischen Ambition zeugen die Gedichte und Feuilletons, die sie in der Zwischenkriegszeit von Berlin aus unter dem Namen „Elly Eberhardt-Staerk" im *Grazer Volksblatt* veröffentlicht hat.

Im Jahre 1957 konnte sie noch ihr Goldenes Bühnenjubiläum begehen; wann sie gestorben ist, war leider nicht zu ermitteln.

4,12, Herr Höller: Max Höller, langjähriges Ensemblemitglied der Grazer Bühnen; Lebensdaten nicht ermittelbar.

Aus Golls Kritik am „Dunklen Punkt" spricht ein starkes Unbehagen an den damaligen Grazer Theaterverhältnissen, ein Unbehagen, das er mit nicht wenigen teilte. Die *Tagespost* etwa brachte in ihrer Morgenausgabe vom 19. Februar 1910, nur 14 Tage nachdem „Der dunkle Punkt" zum ersten Mal über die Grazer Bühne gegangen war, ein namentlich nicht gezeichnetes Feuilleton, in dem geschildert wird, wie es einem kunstbeflissenen Grazbesucher ergeht, der sich nach dem hiesigen Spielplan erkundigt:

„*Und was gibt man heute im Stadttheater?*
Heute ist die Geschiedene Frau.
Und was gibt man morgen?
Morgen? Freitag – Abonnement A – Bub oder Mädel.
So, so. Dann geh ich am Samstag. Ich möcht' einmal eine Oper hören.
Samstag, ja da kommst du auf deine Rechnung.
Samstag abend Premiere: Die Unschuld vom Lande.
Musikdrama mit Gesangseinlagen ...
So, so. Aber Sonntag? Sonntag habt ihr ja zwei Vorstellungen?
Ja, Sonntag haben wir zwei: Nachmittags Dollarprinzessin, am Abend Die geschiedene Frau. O Schlafcoupé.
Merkwürdig. Die reine Operettenstadt."

Der anonyme Verfasser dieses Feuilletons dürfte dem jungen Theaterenthusiasten Ernst Goll aus der Seele gesprochen haben. „Selten war ein Mensch im künstlerischen Genusse so wählerisch wie er", berichtet sein Freund und Nachlassverwalter Julius Franz Schütz[33]. Als zünftiger Kritiker hätte er freilich nicht wählerisch sein dürfen, hätte über alles und jedes referieren müssen: über die Wiederkehr der immergleichen Schwankgestalten ebenso wie über literarisch Anspruchsvolles.

---

[33] Schütz, Ernst Goll, Typoskript S. 2.

Theater am Franzensplatz.

Heute Freitag den 4. März 1910:
Anfang halb 8 Uhr:

Die Kindsmörderin

Ein Trauerspiel in 6 Bildern von Heinrich Leopold Wagner.
In Szene gesetzt von Dr. Alfred Möller.

Martin Humbrecht, ein Metzger	Alois Großmann
Frau Humbrecht	Fl. v. Schweickhardt
Evchen Humbrecht, ihre Tochter	Ella Staerck
Liffel, ihre Magd	Marie Lamberg
Magister Humbrecht	Rudolf Hoch
Major Lindsthal	Fritz Gildemeister
Leutnant von Gröningseck	Max Brückner
Leutnant von Hasenpoth	Raoul Aslan
Wirtin im „Gelben Kreuz"	Else Gobeck
Marianel, eine Magd	Lori Weiser
Frau Marthan, eine Lohwäscherin	Elise Fröhlich
Fiskal	Hans Pflanzer
Ein Fausthammer	Georg Fischer

Blutschreiber.
Der Schauplatz ist in Straßburg, die Handlung dauert 9 Monate.
Zeit: 1775.
Nach dem dritten Bilde findet eine längere Pause statt.
Blockkarten ungültig.
Kassa-Eröffnung 7 Uhr. Anfang ½8 Uhr. Ende nach 10 Uhr.
Nach Schluß der Vorstellung Tramway-Verkehr.

Morgen Samstag: „Das Konzert".

Inserat in der Grazer *Tagespost* vom 4. März 1910 (Morgenausgabe).

III. Akt:

Sturm und Drang

Kein Klassiker der deutschen Literatur, aber doch eine bedeutende Größe im Umfeld des jungen Goethe war Heinrich Leopold Wagner (1747–1779). Sein Stück „Die Kindermörderin" war mehrere Menschenalter in der Versenkung verschwunden gewesen, ehe es 1904 an der Berliner „Neuen Freien Volksbühne" wieder auferweckt wurde. Der Wiener Aufführung, die noch im selben Jahr stattfand, widmete Hermann Bahr eine begeisterte Besprechung. Bis das wiederentdeckte Stück aus dem Weltland ins Waldland durchdrang, brauchte es noch weitere fünf Jahre; im März 1910 aber war es so weit:

Ernst Goll, der im Sommersemester 1909 bei dem Grazer Germanisten Bernhard Seuffert ein vierstündiges Kolloquium über „Herder und die Sturm und Drang-Zeit" besucht und mit vorzüglichem Erfolge bestanden hatte[34], war auf dieses Theaterereignis bestens vorbereitet. Am Tag nach der Erstaufführung vom 4. März 1910 – der Eindruck war noch ganz frisch – brachte er mit Bleistift Folgendes zu Papier.

---

[34] Vgl. dazu Golls Nationale für dieses Semester im Universitätsarchiv der Karl-Franzens-Universität Graz und die Abbildung in: Ernst Goll, V Trpki Deželi Človeka. Zweisprachiger Auswahlband, hg. von Vinko Ošlak S. 96.

Heinrich Leopold Wagner, Die Kindesmörderin. Ein Trauerspiel[35]

[1] Von den vielen, die gestern im Theater saßen, ahnten nicht wenige einen modernen Autor hinter der Evchentragödie. Warum auch nicht? ~~Er Ei~~ Derbster Realismus, der auch vor dem Äußersten nicht zurückschreckt, grell geniale Pinselstriche, eine wuchtig sich steigernde Dramatik – die Schlußszene eine gellende Lache ob der Ironie des Geschicks. Das 1775 geschriebene Werk und Hauptmanns moderne Kindesmuttertragödie <Rose Bernd> sind so himmelweit nicht geschieden. Auch nicht in ihren Konsequenzen. Zu Augsburg wurde ~~am~~ zu ~~Ausgang~~ Ende des 18[.] Jahrhunderts verboten, was am Eingange des Zwanzigsten vom Repertoire des Wiener Hofburgtheaters verschwinden muß. – Die ewige Wiederkehr des Gleichen.
Goethe weihte den ihm von Frankfurt bekannten Wagner in den Plan seiner Gretchentragödie ein, da verdichtete sich auch ihm ~~das Motiv~~ die Idee zu Form und Gestalt. Goethe beschuldigte später Wagner mit harten Worten den Plagiats. Wohl klingt manches aus dem Leidensliede Gretchens an: das Motiv des Schlaftrunks, der Tod der Mutter, das Kinderwiegenlied, schon von den Akzenten des Wahnsinns durchsetzt.
Und doch ist Wagners Werk ein Kunstwerk für sich geworden, der Ausdruck einer

---

[35] Näheres zur Textgestaltung im editorischen Anhang, S. 168.

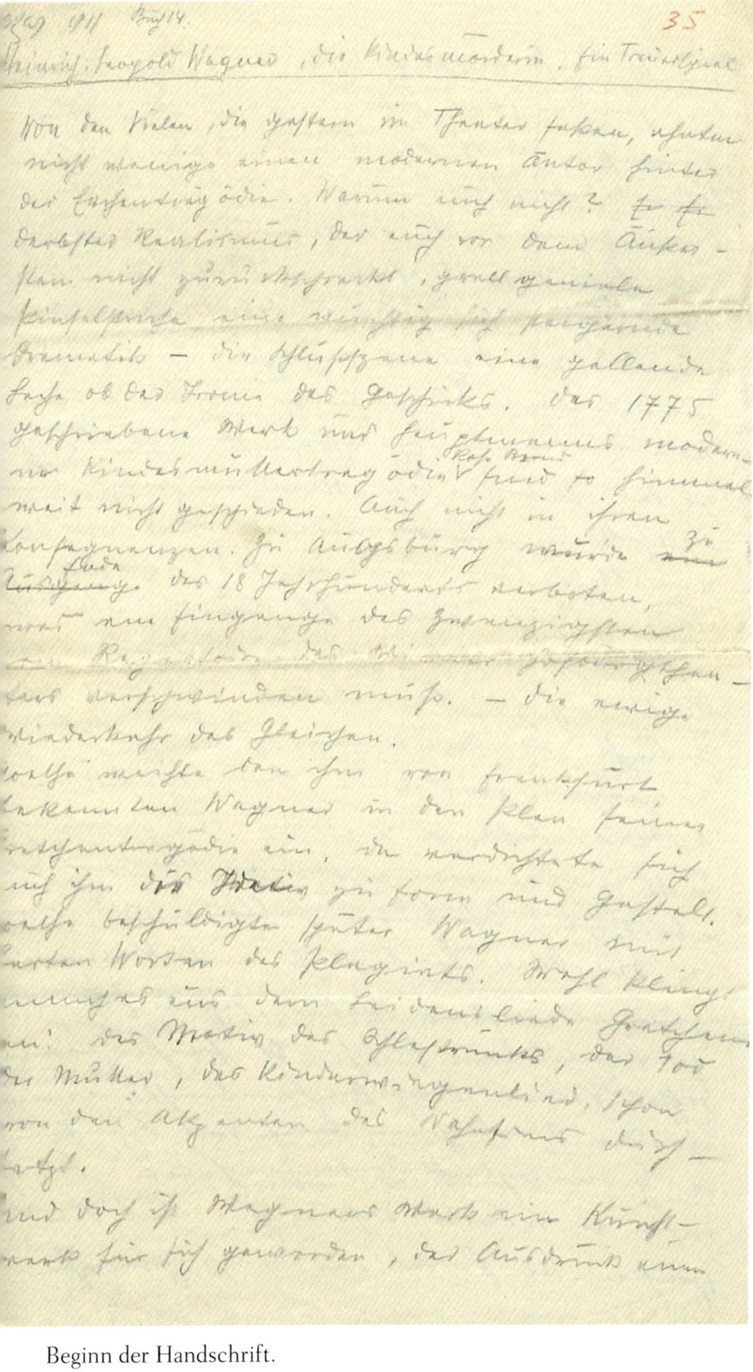
35

Heinrich Leopold Wagner, die Kindesmörderin. Ein Trauerspiel

Von den Vielen, die gestern im Theater saßen, ahnten nicht wenige einen modernen Autor hinter der Bürgertragödie. Warum auch nicht? So [illegible] derbster Realismus, der auch vor dem Äußersten nicht zurückschreckt, grell geniale Pinselstriche, eine wuchtig sich steigernde Dramatik – die Schlußszene eines gellenden Lachen ob des Grauens des Geschickes. Das 1775 geschriebene Werk und Hauptmanns modernes Kindesmördertragödie Rose Bernd sind so himmelweit nicht geschieden. Auch nicht in ihren Verfolgungen. In Augsburg wurde zu Ende des 18 Jahrhunderts verboten, was am Eingange des zwanzigsten [illegible] hauses verschwinden muß. – Die ewige Wiederkehr des Gleichen.
Goethe machte den ihm von Frankfurt bekannten Wagner in den Plan seiner Gretchentragödie ein, der verdichtete sich nach ihm zu Form und Gestalt. Goethe beschuldigte später Wagner mit harten Worten des Plagiats. Wohl klingt manches aus dem bedeutenden Gedichte an: der Trank des Schlaftrunkes, der Tod der Mutter, das Kindesmördermotiv, schon von den Alten des Wahnsinns durchzogt.
Und doch ist Wagners Werk ein Kunstwerk für sich geworden, das Ausdruck eines

Beginn der Handschrift.

[2] leidenschaftlich starken Persönlichkeit, der nicht neben dem gereiften Faust, <wohl> aber neben den Erzeugnissen der Sturm- und Drangperiode ~~mit Macht~~ in Ehren bestehen kann.

Der weltgewandte Lieutenant v. Gröningseck logiert in des ehrsamen Metzgermeisters Martin Humbrecht Hause. Des Metzgers anmutiges Töchterlein Evchen reizt ihm die Sinne. Dem Plane seines routinierten Kamderaden v. Hasenpfoth gehorch[tend] schleppt er das ahnungslose Mädchen nach einem Ballfest in ein verrufenes Lokal und vergewaltigt sie, nachdem er zuvor die Mutter durch einen Schlaftrunk betäubt, des Mädchens beleidigte Tugend aber fordert nach der Gewalttat gebieterisch ihr Recht. Der Lieutenant ist entschlossen gut zu machen, was seine Leidenschaft verschuldet. Hasenpfoth aber<,> der Gröningseck vor einem in seinen Augen unüberlegten Schritt ~~fern~~ <zurück>halten will, greift in der Abwesenheit seines Kameraden zum niedersten Mittel, dessen Plan zu vereiteln. Er schreibt Evchen, sowie deren Vetter, Magister Humbrecht, einem braven Theologen[,] ~~Brief~~ mit Lieutenant v. Gröningseck unterzeichnete Briefe, worin er vorgibt, daß es ihm mit dem Versprechen der Heirat nie ernst gewesen.

[3] Evchen flieht in wilder Verzweiflung aus dem Elternhause und sucht bei der armen Wäscherin Frau Marthen Unterkunft. Hier auch bringt sie ihr Kind zur Welt. Mittlerweile aber ist Evchens Mutter vor Gram gestorben. In rohen Worten erzählt

es die Wäscherin dem zerquälten Mädchen.
Dieses – vor Angst und Reue dem Wahn-
sinn nahe – ermordet ihr Kind. Wohl ~~kommen~~
naht verzeihend der Vater, wohl ~~erscheint~~
kehrt Lieutenant v. Gröningseck, der
von aller Intrigue und allem Elend nichts
wußte, wieder, bereit Evchen als Gattin
heimzuführen – doch zu spät – die
Kindsmörderin muß den Gerichten
überliefert werden.
Die Aufführung war, dank der um-
sichtigen Regie Dr. Möllers ausgezeichnet
zu nennen. Frl. Staerck als Evchen Humbrecht gab uns eine schöne Probe ihres
reichen Talents. Die Naivität des un-
verdorbenen Kindes, di~~e~~<as> ~~Verzweiflung~~
Entsetzen vor der Erkenntnis ihrer Schande,
~~die Verzweiflung der Wahnsinnstat~~
die leise, sich steigernde Melancholie[,]
die Wahnsinnstat der Verzweiflung – all
dies fügte sich zu einem runden, ein-
heitvollen Bilde, darüber noch immer
der Zauber der kaum Erblühten lag.
Die Abschiedsszene des IV. Aktes
~~war voll Tief-~~ formte die Künstlerin zu
tiefer, inniger Schönheit.
[4] Herr Brückner gab die arg verzeichnete Rolle
des Lieutenant v. Gröningseck mit dem Besten
seines Könnens. Das weise Maß in der
Darstellung des derb realistischen ersten Aktes
bezeugt den Künstler. –
Herr Großmann und Frl. von Schweikhardt
waren gleich vortrefflich in der Wiedergabe
des Ehepaars Humbrecht.
~~Herr Hoch~~ Herr Aslan bemühte sich vergeb-

lich, aus der Rolle des L. von Hasenpfot
eine lebenswahre Gestalt zu formen.
Hasenpfot ist der typische Intriguant, die
einzige Motivierung ~~wäre darin~~ seines
Vorgehens wäre darin zu suchen, daß auch er
Evchen seinen<r> ~~Zwecken~~ Sinnlichkeit dienst-
bar machen möchte. Doch weist nur eine einzige Briefstelle darauf hin, und diese in
einer Szene, die unser Interesse für andere
Dinge fordert. Es ist bedauerlich[,] Herrn Aslans
schöne künstlerische Fähigkeiten in einem so
undankbaren Gewande sehen zu müssen.
Herr Hoch, dem die Rolle des Magisters
Humbrecht gewiß nicht liegt, zog sich
redlich und geschickt aus der Affaire.
Frl. Weiser, <...................>, fügt ihre
Darstellung eindrucksvoll in den Rahmen
der Darstellung.
Es ehrt die Theaterleitung, daß sie das Werk
in seiner Urgestalt und nicht in der farblosen
Bearbeitung Karl Lessings und der zweiten
Fassung Wagners wiedergab. Aber
sollten wir, die wir mit dem klassischen
und dem modernen Repertoire so sehr im
Rückstand sind, auf derlei litera-
rische Experimente nicht überhaupt
verzichten?

Raoul Aslan während seiner Grazer Zeit 1909/10.
Quelle: Steiermärkisches Landesarchiv.

Titel Kindesmörderin: Der authentische Titel lautet „Die Kindermörderin", auf dem Grazer Theaterzettel stand, nach gängiger Lesart, „Die Kindsmörderin" zu lesen, unter den Rezensenten allerdings herrschte Uneinigkeit: Die Kritiker des *Tagblatts* und der *Grazer Nachrichten* wählten dieselbe – doppelt inkorrekte – Schreibung wie Goll.

1,8, 1775: Das Stück dürfte im Winter von 1775 auf 1776 entstanden sein und wurde 1776 erstmals anonym gedruckt.

1,12, Augsburg: Ein offenkundiger Irrtum Ernst Golls; möglicherweise verwechselte er Augsburg mit Straßburg, wo Wagner herstammte und wo das Stück auch angesiedelt ist. In Salzmanns „Deutscher Gesellschaft" zu Straßburg hatte Wagner Gelegenheit, es am 18. Juli 1776 vorzulesen; für eine Aufführung in Berlin wurde es nicht freigegeben, im Sommer darauf kam es zu einer Aufführung in Pressburg durch die Wahrische Gesellschaft, alle weiteren Versuche, es in seiner Originalgestalt auf die Bühne zu bringen, schlugen fehl.

1,15f., vom Repertoire des Wiener Hofburgtheaters: Die Wiener Erstaufführung fand tatsächlich nicht am Burgtheater, sondern am 27. August 1904 in der Wiener Secession statt.

1,22f., Goethe beschuldigte später Wagner mit harten Worten des Plagiats: In seiner großen Biographie „Goethe, der Mann und das Werk", erschienen im Goethejahr 1909 – von den Grazer Blättern aufmerksam besprochen und von dem Germanistikstudenten Goll mit Sicherheit wahrgenommen – nimmt Erich Engel zur Plagiatsfrage Stellung:

„Feste Gestalt hat das Faustdrama sicher nicht vor dem Ende des Jahres 1773 angenommen; im schlimmsten Falle kann es sich bei Wagners ‚Kindermörderin' nur um die selbstständige Bearbeitung eines in den allgemeinen Umrissen gleichen, damals vielfach behandelten Stoffes handeln: des Kindesmordes durch ein verführtes Mädchen. Ein ausschließliches Eigentumsrecht an solchem Allerweltsstoff besaß Goethe nicht." Der Plagiatsproblematik widmen die Grazer Theaterreferenten in ihren Kritiken dieser Aufführung große Aufmerksamkeit.

Die Kindermörderinn

ein

Trauerspiel.

VI Aufzug pag 113

Leipzig,
im Schwickertschen Verlage.
1776.

Titelblatt der anonymen Leipziger Erstausgabe von 1776.

2,10, Hasenpfot: Die korrekte Schreibung lautet „v. Hasenpoth".

3,18, Dr. Möller: Alfred Möller (1877–1957). In Cilli/Celje geboren, kam früh nach Graz, wo er Germanistik und Philosophie studierte (Promotion zum Dr. phil. 1903). Nach einem Zwischenspiel in Deutschland, wo er sich zum Schauspieler ausbilden ließ, wirkte er an der Grazer Bühne als Sprechtheater-Regisseur. 1911 wechselte er ins Feuilleton der Grazer *Tagespost*. Als Schriftsteller versuchte Möller sich auf vielen verschiedenen Gebieten: als kunstkritischer Essayist und als Reisebuchautor, als Humorist und als ernsthafter Dramatiker. Daneben blieb er, bei aller Vielfalt seiner anderweitigen Tätigkeiten, der Grazer *Tagespost* als Beiträger erhalten. Dort veröffentlichte er 1942, zum 30. Todestag Ernst Golls, einen Gedenkartikel unter dem zeittypischen Titel „Der ist in tiefster Seele treu ..." Sonderliche Regimetreue kann man Möller jedoch nicht nachsagen: „Meinen persönlichen Erfahrungen", schrieb Paul Anton Keller, der als Landesleiter der Reichsschrifttumskammer damals die Funktion eines Türhüters und Gesinnungswarts ausübte, „stand Alfred Möller der nationalsozialistischen Weltanschauung skeptisch gegenüber, wenn nicht ablehnend."[36]

Seine Grazer Inszenierung vom März 1910 sollte nicht Alfred Möllers einziger Dienst an Wagners Theaterstück bleiben: Vier Jahre später fungierte er als Herausgeber der ersten Reclam-Ausgabe, dem Band 5698 der Universalbibliothek.

4,2, Herr Brückner: Max Brückner (1880–1915), langjähriges Ensemblemitglied der Grazer Bühnen.

4,6, Herr Großmann und Frl. Schweikhardt: Flora von Schweikhardt wurde von Purschians Nachfolger, Alfred Cavar, im Jahr 1903 an die Grazer Bühnen engagiert. „Und die Liebe des Grazer Publikums hat die Künstlerin dauernd an die Stadt gefesselt", wie das *Grazer Tagblatt* vom 17. Oktober 1932 in seiner Würdigung zu Flora v. Schweikhardts 70. Geburtstag schreibt.

---

[36] Zitiert nach Uwe Baur, Karin Gradwohl-Schlacher: Literatur in Österreich 1938–45. Bd. 1: Steiermark. Wien, Köln 2008, S. 251f.

4,9, Herr Aslan: Raoul Aslan (1886–1958). Seine langen Lehr- und Wanderjahre führten ihn im Herbst 1909 auch nach Graz. Von dort wechselte er 1911 ans Stuttgarter Hoftheater. 1920 wurde er Mitglied des Burgtheaters, von 1945 bis 1948 war er dessen Direktor. In Graz, noch weit entfernt von allen höheren Weihen, durchmaß Aslan die ganze Breite des Repertoires: spielte den Horatio in Shakespeares „Othello" und den Kosinsky in Schillers „Räuber", gab den Sohn des Hauses in Karl Morrés „Familie Schneck" und sprang als Kaiser Joseph II. ein, in der Operette „Försterchristl", übernahm anspruchsvolle und anspruchslose Aufgaben, wirkte in Björnsons „Über unsere Kraft" ebenso mit wie im „Baron Liederlich". Mitunter vertraute man ihm auch tragende Rollen an, in Novitäten wie Henry Battailles „Der Skandal" und Dombrowskis „Narrenliebe".

2,22, Herr Hoch: Rudolf Hoch (1890–1936), durchlief eine lange Bühnenlaufbahn mit zahlreichen Stationen; Graz war eine davon. Hier machte er auch als Zeichner und Graphiker von sich reden, mit „Grazer Vorstadtbildern" und symbolistischen Druckgraphikern, von denen etliche in den ersten Nummern der kurzlebigen Grazer Kulturzeitschrift *Der Herold* (1910/11), in der Ernst Goll sein Poem „Andacht" veröffentlichte, reproduziert wurden. Dort findet sich folgende biographische Notiz: „Rudolf Hoch ist mehrfach Künstler: fein charakterisierender Schauspieler und tief ins Leben schauender Maler. Als Darsteller ist er Menschenzeichner, als Zeichner Menschendarsteller, und so hat sich die e i n e Begabung des Schauens und Gestaltens bei ihm in zwei Äste gespalten."

4,28, das Werk in seiner Urgestalt: Dieses war spätestens seit der Ausgabe von 1883 im Rahmen der Reihe „Deutsche Literaturdenkmale des 18. und 19. Jahrhunderts" allgemein zugänglich.

4,30, Bearbeitung Karl Lessings: Karl Gotthelf Lessing (1740–1812), der jüngere Bruder des „Nathan"-Dichters, bearbeitete Wagners Stück für die Berliner Bühne. Seine Bearbeitung zielte vor allem auf eine Entschärfung der Aussage, eine Tilgung aller „moralisch anstößigen" Sätze und Szenen. Gefruchtet hat es nichts: Auch die entschärfte Fassung wurde als anrüchig empfunden und von der Polizei verboten.

4,31, zweite Fassung Wagners: „Theils aus Ärger über Karl Lessings Eingreifen, teils um seinem Stück die Bühnen zu erschliessen, gieng Wagner selbst an eine Umarbeitung ...", schreibt der Germanist Erich Schmidt.[37]
Diese Neufassung mit Happy End veröffentlichte Wagner in seinem Todesjahr 1779 unter dem unmissverständlichen Titel „Evchen Humbrecht oder Ihr Mütter merkts Euch!"

---

[37] Erich Schmidt: Heinrich Leopold Wagner, Goethes Jugendgenosse. Berlin 1879, S. 102.

Golls Skepsis teilt der Rezensent der *Grazer Montagszeitung*, der dem Trauerspiel zwar einen „gesunden Sinn für Wirklichkeit" zugesteht und insbesondere für die Regie Alfred Möllers lobende Worte findet, die Notwendigkeit einer Aufführung in Graz aber schlichtweg bezweifelt: *„Ob es klug war, literarische Raritäten auszukramen statt uns einen Teil der jüngsten Schuld zu zahlen, bleibe dahingestellt: Von Hauptmann, Schnitzler und Sudermann allein haben wir Grazer gut ein Dutzend Stücke ausständig."*[38]

Auf derlei Grundsatzfragen, den heimischen Spielplan betreffend, lässt sich der Referent der *Grazer Nachrichten* gar nicht erst ein, sondern bemerkt nur sarkastisch: *„Wenn man von den mangelnden Proben absieht und wenn man darauf verzichtet, daß Schauspieler ihre Rollen lernen, war die Aufführung recht befriedigend."*[39]

Die Modernität des Stücks, die Goll gleich zu Beginn seiner Aufzeichnung hervorhebt, konstatiert in ähnlichen Worten auch der Kritiker des *Grazer Volksblatts*: Wie ein modernes Drama von Hartleben oder Hauptmann wisse diese Gretchen-Tragödie von anno 1776 das Publikum zu fesseln, heißt es dort.[40]

Weitaus strenger als das christliche Blatt geht Ernst Gnad, Nestor der damaligen Grazer Theaterkritik, in seinem Referat für die *Tagespost* mit dem Stück ins Gericht: *„Wie tief steht Wagners Trauerspiel gegen die große Faustdichtung. Denn hier erscheint Gretchens Verführung und Verzweiflung vom Zauber höchster Poesie verklärt, hier strahlt das liebende, vertrauensselige, hingebende Mädchen, die nicht weiß, daß sie*

---

[38] *Grazer Montagszeitung* vom 7. März 1910.
[39] *Grazer Nachrichten* Nr. 11 vom 12. März 1910.
[40] Vgl. *Grazer Volksblatt* Nr. 104 vom 5. März 1910 (Abendausgabe).

fehlt, trotz ihres Vergehens noch in solchem Glanze der Unschuld, daß man die beiden Dichtungen gar nicht vergleichen kann. In Wagners Trauerspiel ist schon der erste Akt, der in einem verrufenen Hause spielt, in eine so niedrige Sphäre gezogen, daß man sich kaum etwas Gemeineres auf dem Theater denken kann, hier ist die Verführung Evchens durch den Leutnant Gröningseck eine geradezu brutale und niederträchtig überlegte Vergewaltigung."

Dennoch gelangt Gnad zu einem freundlichen Urteil: *Es war gewiß ein bedenkliches Wagnis, dieses etwas rohe und unsympathische Stück aus der Vergessenheit hervorzuziehen, aber der laute Beifall [...] beweist, daß es nicht ohne Erfolg getan war."*[41]

---

[41] *Tagespost* Nr. 64 vom 5. März 1910 (Abendblatt).

Epilog im Feuilleton

Mag der Beifall bei der Erstaufführung auch laut gewesen sein, das Publikumsinteresse versiegte sehr schnell: Die „Kindsmörderin" wurde nur viermal gegeben, bereits im April wieder abgesetzt. Die dritte Aufführung fand am 17. März statt; am selben Tag berichtete Goll an Elsa Hofmann[42] von seiner Aussicht, demnächst Ernst von Dombrowski als Theaterreferent des *Grazer Tagblatt*s zu vertreten. Daraus aber sollte nichts werden: Der Gönner Dombrowski stand bald im Zentrum eines veritablen Grazer Theaterkriegs.

Von diesem Sturm im Wasserglas zeugt bis heute eine 30 Seiten starke Broschüre vom Herbst 1910, die Dombrowski im Selbstverlag herausbrachte: „Mein Prozess gegen Direktor Hagin". Dieser hatte Dombrowski vorgeworfen, als Kritiker nicht objektiv zu sein und aufgrund seiner „besonderen Vorliebe" für Lori Weiser alle anderen Schauspielerinnen des Grazer Ensembles geringzuschätzen. Dombrowski klagte wegen Ehrenbeleidigung, es kam zum Prozess, der mit einem Vergleich endete. In der öffentlichen Meinung war unterdessen aus dem Fall Hagin längst ein „Fall

---

[42] Elsa (recte: Elisabeth) Hofmann, geb. 1876 in Fiume, von Beruf Postbeamtin, war eine Mitarbeiterin von Golls Vater im Postamt von Windischgraz. 1919, nach der Abtrennung der Untersteiermark übersiedelte sie wie damals nicht wenige Untersteirer nach Graz, wo sie bis zu ihrem Tod am 3. April 1957 lebte, zusammen mit ihrem Bruder, dem Seemann Friedrich Hofmann, unter der langjährigen Adresse Uhlandgasse 9. Wie aus ihrer Parte in der Kleinen Zeitung vom 5. April 1957 hervorgeht, blieb sie unverheiratet und kinderlos, hatte aber eine Adoptivtochter namens Franziska Höfer-Hofmann. Hubert Fussy war der Erste, der in seinen Aufsätzen und Rundfunkvorträgen auf Elsa Hofmanns Bedeutung als „Seelenfreundin", als enge Vertraute des Dichters hingewiesen hat. Ihm verdanken wir auch den Wortlaut der insgesamt 32 Briefe, die Goll ihr zwischen 1903 und 1910 zuerst aus Marburg a. d. Drau, dann aus Graz geschrieben hat: Fussys Exzerpte, nur teilweise veröffentlicht, sind erhalten geblieben, die Originale müssen bis auf Weiteres als verschollen gelten.

Ernst Ritter von Dombrowski in der Karikatur von Alfred Karl in dessen Buch *Grazer Stars* von 1920.

Heinrich Hagin, Direktor der Grazer Buehnen.
Quelle: Steiermärkisches Landesarchiv.

Dombrowski" geworden. Unter diesem Titel schrieb die *Tagespost* dem „Kämpfer und Erfüller" Dombrowski, dem „deutschen Idealisten" Folgendes ins Stammbuch:

„Man verkehrt als Kritiker nicht mit einer Schauspielerin freundschaftlich, obwohl sie sehr gut ist. Gerade weil sie sehr gut ist, verkehrt man nicht mit ihr freundschaftlich, denn das weckt Zweifel in einer kleinen Stadt. Es gibt hier keinen freien Rhythmus des Verkehres. Und ein Theaterdirektor kann sich unter Verkehr eben nichts anderes vorstellen als Ränkespinnen. Was aus der Welt von Eifersucht und Ränken, worin er lebt, erklärlich ist.

Punkt 2. Über ein Theater schreiben schließt aus, daß man f ü r dieses Theater schreibt. Man führt nicht Stücke an der Bühne auf, die man zu beurteilen hat. Denn man macht sich von der Gefälligkeit der Schauspieler abhängig, und der Schauspieler will sich lieb Kind machen. [...] Das Stück eines Kritikers, das von irgendeinem Punkte aus die Runde über die Bühnen macht, wird der Direktor schon um seines Vorteils willen aufführen und das kann der Kritiker nicht hindern. Ein Stück aber, das von hier aus erst diese Runde machen soll, soll dem Direktor auch nicht aufgedrängt werden [...]. Das ist der Standpunkt aller, die in einer kleinen Stadt leben, die wie jede kleine Stadt ihre eigene Gerechtigkeit hat."[43]

Wie Ernst Goll sich in dieser Frage verhielt – ob er sich mit Dombrowski solidarisierte oder nicht, darüber schweigen die vorhandenen Quellen. Fest steht jedenfalls, dass die *Tagespost* nur wenige Tage nachdem sie den „Fall Dombrowski" zu den Akten gelegt hatte, an einem einzigen Sonntag fünf Goll-Gedichte veröffentlichte: Ecce poeta!

---

[43] *Tagespost* Nr. 3 vom 3. Jänner 1911 (Morgenausgabe).

Fünf Gedichte von Ernst Goll.

Letzter Weg.

Nun gib mir deine liebe Hand:
Wir gehen in ein schön'res Land.

Wir gehen fern, wir gehen weit
Von Menschenhaß und Menschenneid.

Sie wollten nicht, daß wir uns frei'n,
Nun wird der Tod barmherzig sein.

Sommerklage.

Wie eine schöne Frau die Hände gibt und geht,
Entschwand der Sommer. Seine Huld war Segen
Und Weh zugleich: Von dunklen Kronen weht
Verblaßtes Laub und stirbt auf müden Wegen.

Im Sonnenbrande neigen sich die Garben
Und bangen vor der Hand, die sie darniedermäht.
Wir fühlen's tief: Die Sommertage starben,
Wie eine schöne Frau die Hände gibt und geht.

Gebet.

Du gabst mir, Herr, der Jugend Garten,
Mit hundert Blumen ausgeschmückt.
Soll ich so vieler Knospen warten?
O, nimm den vollen Strauß zurück!

Ich will nur, daß vom Lebenskranze
Ein einzig' Zweiglein Blüten treibt,
Und aus dem wunderbaren Glanze
Ein Strahl in meiner Seele bleibt.

Das aber ist mein Traum.

Das aber ist mein Traum von Glück und Tod:
Vom reichen Mahl des Lebens aufzusteh'n,
Eh' noch der rote Kerzenschein verloht
Und abschiednehmend die Genossen geh'n.

Siegjubelnd noch am vollen Becher nippen
Und dann: Zwei Augenblicke hellen Lichts
Und ein verklärtes Lächeln um die Lippen
Hinübernehmen in das große Nichts.

Ich war einmal...

Ich war einmal in ferner Zeit
Eine frierende Maienblüte,
Die stand in Waldeseinsamkeit,
Verhungert nach Sonnengüte.

Nun bin ich ein stilles Menschenkind
Im rauschenden Weltgetriebe,
Das breitet die Hände im Abendwind
Und bettelt um deine Liebe...

Editorischer Anhang

Zu den Kartengrüßen

Unter der Signatur Hs. 1275 findet sich in den Beständen der Steiermärkischen Landesbibliothek eine Mappe mit 45 Post- und Korrespondenzkarten, die im Frühjahr 2014 im Zuge der Rückübersiedlung ausgelagerter Bestände wieder ans Licht gelangt ist. Ernst Goll hat sie zwischen Juni 1907 und August 1909 einem Fräulein Peperl Koch in Graz geschrieben. Dabei handelt es sich ausschließlich um Kurzmitteilungen: spontane Zusagen und Absagen; diskrete Verabredungen; gute Wünsche zu verschiedenen Anlässen und schließlich eine lange Reihe von Urlaubsgrüßen.
Die Mehrzahl dieser Kurzmitteilungen ist mit der Feder verfasst, einige wenige mit Bleistift. Letztere zeigen im Schriftbild eine starke Ähnlichkeit mit dem undatierten, unbetitelten Dramenfragment, das im NL Goll, Stmk. LB, Hs. 459, vorhanden ist – und in meiner Goll-Ausgabe (Igel-Verlag 2012) erstmals veröffentlicht wurde.

Ferner enthält Hs. 1275 mehrere historische Schwarz-Weiß-Fotos des Goll'schen Familiengrabes in Windischgraz, von unbekannter Hand datiert mit „Sommer 1967", eine gerahmte Fotografie, die auch im NL Goll überliefert ist (sie zeigt den Dichter mit Bruder Hans) sowie Fotokopien jener bislang unbekannten Portraits, die auf den Karten 24 und 45 zu sehen sind (Goll als Dandy und Goll als Tennisspieler).

Die ersten neun Karten sind an die Adresse Graz, Prokopigasse 19 gerichtet, die Karten Nr. 3 und 5 mit dem Zusatz Familie Gruber (möglicherweise war Fräulein Koch Bedienstete bei dieser Familie?). Ab der Karte 10, datiert auf den 21. Februar 1908, lautet die Anschrift konstant und ohne Ausnahme Graz, Merangasse 82, erst auf der vorletzten Karte wurde sie von fremder Hand ausgestrichen und durch eine neue Anschrift, Kroisbachg. 10k., ersetzt. Seinen letzten erhaltenen Kartengruß, jenen vom 25. August 1909, adressierte Goll dann eigenhändig an die *Kroisbach=Gasse/(Famlie Gruber)*.

Die Ordnung von Hs. 1275 folgt einer rückläufigen Chronologie, allerdings nicht konsequent:
Acht Karten wurden, aus welchen Gründen immer, davon ausgenommen, stehen seperat am Anfang und am Ende der Sammlung. In der vorliegenden Edition sind sie an chronologisch akkurater Stelle eingereiht.

Zur Rodelhymne

Zu diesem Gedicht sind zwei Textzeugen erhalten: die undatierte, unsignierte **Arbeitsfassung A** und die **Reinschrift B**, vom Autor eigenhändig datiert und signiert. Erstere umfasst acht unpaginierte, Letztere zehn nummerierte Manuskriptseiten; beide wurden sie mit der Feder auf unliniertes Papier geschrieben. Die vorliegende Edition folgt der Reinschrift B.

A ist um zwei Strophen kürzer als B: Die Strophen 26 („Auf der Bahn von glattem Eise ...") und 27 („Weh, mich faßt ein kalter Graus ...") scheinen darin noch nicht auf. An A lässt sich außerdem die ursprüngliche Absicht des Autors erkennen, seine eigene Person auszusparen und stattdessen gleich zum Epilog überzugehen: Nach Hansl Tomschegg als dem Letzten im Reigen der Rodler folgten hier zunächst die Verse: „Ach, ich seh es, rings die meisten/Warten (...) Auf das Ende dieser Hymne." Der Autor strich sie aber wieder aus, um sie nach dem ironischen Selbstportrait (in B Strophe 29 und 30) wortgleich wieder einzufügen. Bis auf zwei Details stimmen sie mit der Strophe 31 in B überein:

Ach, ich seh es, rings die meisten
Warten mit geheimem Grimme
Und voll Wut geballten Fäusten
Auf das Ende dieser Hymne.

Die siebente Strophe wiederum hatte in A zunächst noch den folgenden Wortlaut:

Seht, da gieng der Atem schneller
Und die Wange blühte
Seht, da strahlten Augen heller
Und das Herze glühte.

Diese vier Verse wurden durch massive Streichung beinahe unkenntlich gemacht und durch vier neue ersetzt, übereinstimmend mit B.

Soweit die markantesten Abweichungen von A gegenüber B. Darüber hinaus bietet A noch die folgenden Varianten:

Strophe 1, Vers 3: Was die kleinen Kinder trieben
Str. 5: am Ende ein Ausrufungszeichen
Str. 7, V. 1: da gieng
Str. 11, V. 3: Steuert Pauli in den Schatten
Str. 12, V. 1: Ward aus ausgefahrner Halde (wohl ein Schreibfehler)
Str. 13, V. 2: ~~Lenkt den Rodel~~ Sinnt in sich hinein
Str. 14, V. 2: Darum, ~~holde Fee~~, sink ich, holde Fee
Str. 18, V. 3: Wird ein Unterschied bestritten?
Str. 19, V. 4: Tante Lola
Str. 23, V. 1: ~~Kommt~~ Kam; V. 3: Gieng man
Str. 24, V. 3: Und man noch 2 Beine
Str. 25, V. 1: Munkeln hört' ich eh' da drüben
Str. 28, V. 4: Aber ~~lernen~~ können wird er's nie.
Str. 32, V. 1: ~~Solcher~~ So ein Schluß

Die in A und B inkorrekten Schreibungen einzelner Wörter am Versende, wie z. B. „Schwunke", „vielie", „Fuse", sind vom Autor zweifellos bewusst gesetzt, als Teil seiner Textstrategie. „Rodel" als Maskulinum wird auch heute noch vom Österreichischen Wörterbuch als landschaftliche Variante ausgewiesen.

Zur Kienzl-Hommage

Der Text „Zum Vortrage Hermann Kienzls" wurde 1979 von Hubert Fussy erstmals publik gemacht. In seinem grundlegenden Aufsatz „Ernst Golls Begegnungen mit Dichtung und Musik seiner Zeitgenossen"[44] teilt er den vollen Wortlaut mit, verzichtet aber auf eine genaue Datierung. „Der Text", bemerkt Fussy, „bezieht sich auf einen angekündigten Vortrag Kienzls, er ist aber weitaus mehr: ein Dokument für die große Zeit des Grazer Theaters im ausgehenden 19. und beginnenden 20. Jahrhundert. Goll, der diese Zeit in Graz nicht selbst miterleben konnte, stützte sich hier vor allem auf Kienzls Buch ‚Dramen der Gegenwart'."[45]

---

[44] In: Die andere Welt. Festschrift für Hellmuth Himmel. Hg. Von Kurt Bartsch, Dietmar Goltschnigg und Gerhard Melzer. Bern 1979, S. 215–230.
[45] Ebenda S. 223.

Als Vorlage diente ihm die Reinschrift des Dichters. Was dort durch Unterstreichungen hervorgehoben ist, gibt Fussy durch Kursivierungen wieder.

Im Nachlass Goll hat sich, unter der Signatur 459, aber auch noch eine Urschrift erhalten; eine Erstniederschrift mit Bleistift auf mehreren, offenbar aus einem Heft herausgerissenen linierten Blättern.

[1] Im Rittersaale wird Montag Hermann
Kienzl reden. Hermann Kienzl, der
einmal zu uns gehörte. Und uns
gehören durfte. In jener,
sagenumsponnenen Zeit, da
ein Hauch künstlerischen Wollens
auch über die Grazer Bühnen wehte.
Unter der Leitung Purschians,
sagen wir's offen. ~~Die Zeit~~
~~der großen Premieren und~~
~~schauspielerischen Erlebnisse,~~
der Zeit der großen ~~Ibsen-~~
~~Björnson= Hauptmann Premieren~~
~~die Zeit der Schausp~~ Premieren
und schauspielerischen Erlebnisse,
die Zeit, da die großen Schöpfungen Ibsens Björnsons und Haupt-
[2] manns vor einem fast
schon geschulten Publikum
<zum erstenmale> über die Bühne giengen,
die Zeit der Sikora und de Grach's, die Zeit
der großen Gastspiele,
die Baumeister und
Matkowsky brachte, Zacconi
und die Medelsky, das
Berliner Deutsche Theater-
ensemble, ~~Agnes Sorma~~
~~und~~ mit Else Lehmann,
Bassermann und Reinhardt;
die Zeit da Agnes Sorma
die Nora spielte und

Sada Yacco mit ihrer
Truppe die Kunst des
fernen Ostens offenbarte.
[3] Die Zeit, in der das Unbegreifliche Ereignis wurde,
daß ein Mann wie Her-
mann Kienzl sich hinsetzen
und ~~nur~~ <lediglich> vom Gesichtspunkte
des Grazer Kunstkritikers
ausgehend ein Buch zu
schreiben vermochte,
vierhundertundfünfzig
Seiten stark~~en~~ und weit
über die Grenzen der engeren
Heimat hinaus gelesen
und gewürdigt: „Das
Drama der Gegenwart."
Lang, lang ist's her ...
Die es miterleben durften
werden es nie vergessen.
Die andern mögen es
[4] glauben oder nicht.
Im Rittersaale wird
Montag Hermann Kienzl
~~lesen~~ reden. Über
die großen Premieren
in – Berlin. Über
die letzten Schöpfungen
~~Haupt~~ eines Hauptmann
und Halbe, Wedekind
und Schnitzler, Strindberg
und Gorki <und Oskar Wilde>, die ~~alle
heute Weltruhm~~ heute
in aller Munde sind und
den Weg „aus dem Weltland"
ins „Waldland" doch nicht
gefunden haben.
~~Montag~~ Im Rittersaale
wird Montag Hermann

[5] Kienzl reden.
~~Vielleicht geschieht es, daß~~
Hermann Kienzl, dem
die Maße und Werte
seiner Zeit längt schon
Krystall geworden sind,
Vielleicht geschieht es,
daß über dem vertrauten
Rhythmus der Kienzlsprache
den Lauschenden die
Erinnerung erwacht an
das goldene Zeitalter
der Kunst, das einmal
da war und das wir doch
nicht halten konnten
und mit der Erinnerung
die Sehnsucht zugleich
und mit der Sehnsucht
[6] ein ganz klein bißchen
der Wille zur Tat.
Vielleicht! Vielleicht,
daß Hermann Kienzls
Worte, wie ers von
seinem Grazer Theater-
buche wollte einen
„Hall finden, der einst
geweckt wurde vom
Hall und wiederum
Widerhall weckte und
–wecken soll ...

Zur Rezension der „Narrenliebe"

Golls Text „Zur Uraufführung von Dombrowskis „Narrenliebe" ist uns in zwei Textzeugen überliefert: seinem Manuskript und dem Erstdruck in der *Marburger Zeitung*.

Das Manuskript ist insgesamt 12 Seiten lang; als Schreibunterlage dienten mehrere, offenbar aus einem Heft herausgerissene linierte Blätter im Format DIN A5. Geschrieben wurde abwechselnd mit Feder und Bleistift:

Von 1,1 bis 2,11 mit der Feder, von 2,12 bis 10,18 mit Bleistift, von 11,1 bis zur Mitte von 11,11, bis einschließlich der Worte „ihres Verkünders", neuerlich mit der Feder. Die abschließende Passage wiederum ist eine Bleistiftniederschrift.

Der Erstdruck weist zahlreiche Abweichungen gegenüber der Manuskriptfassung auf. Hier eine kleine Konkordanz:

1,2: **Im kleinen Kammermusiksaale** – Im Kammermusiksaale
1,3: **Pepo Marx's** – Pepo Marx'
1,7: **Dombrowsky** – Dombrowski
1,8: **zu den jüngsten nicht mehr** – zu den Jüngsten nicht mehr
1,10: **in dem <40>jährigen** – in dem fast Fünfzigjährigen
1,11: **für ihre ewigen Rechte** – für ihr ewiges Recht
1,14: **sonnebeschienene Giebel** – sonnenbeschienene Giebel
1,15: **Jahresfrist** – Jahresfrist.
1,17: **Licht- und Schmerzenskind** – Licht und Schmerzenskind
2,3: **vor andern vorenthalten** – vorenthalten vor anderem
2,9: **kam es ans Licht** – trat es ans Licht der Rampe
3,2f: **ein Abgesandter vom Ko von Ger-/maniens Königshofe** – gestrichen!
3,9: **Zeiten bitterster Not** – Zeiten schwerster Not
3,9f: **ward dem/König ein Himmelsgeschenk** – dem König von Germanien
3,11: **in Blütenschnee gebettet** – auf Blütenschnee gebettet
3,14f: **hinflatternd zu/des Königs Füßen** – hinflatternd vor des Königs Füßen

5,1f: **Neunzehn Jahre blüht Traute/zu immer holderer Schönheit heran.** –
Neunzehn Jahre verrauschen. In immer holderer Schöne blüht Traute heran.
5,18: **Er ist's! Mein Held!** – Gestrichen.
6,2f.: **Um die Burg/aber ziehen** – Aber um die Burg ziehen
6,4: **Kreise.** – Kreise:
6,8f.: **kennt ... selbst seine Schwäche** – kennt ... die Grenzen seiner Kraft.
6,17: **Schuldbekenntnis** – Schuldbewußtsein
8,10: **Trautens Motiv** – das Motiv Trautes
9,1f. **alles übertönend: „Die/Wacht am Rhein"** – alles übertönend: Die Wacht am Rhein.
9,5f.: **<vor/den> rotumglühten Bergmassen** – vor dem rotumglühten Bogenfenster
9,7: **das brausende Lied** – der brausende Sang
10,8f.: **das ewig unver-/gängliche, ...** – das, unvergänglich, sich immer aus sich selbst erneut.
10,9–15: **der Narr/das ist die/in ihrer Einfalt und ihrem Vertrauen/so oft verfehlte, so oft geschmähte/und genarrte deutsche Treue. Das Kind aber, das ungeborene, ist Deutschlands/~~hoffende Zuversicht~~ Hoffnung und Zuver-/sicht.**
– Gottschalk, der Narr ist die Verkörperung der in ihrer Einfalt und ihrem Vertrauen so oft getäuschten, so oft verspotteten und genarrten deutschen Treue, das Kind aber, das ersehnte, ist Deutschlands Hoffnung und Zukunft.
Aus <Moos> und Tannenzweigen
Nach 10,18 folgt in der Druckfassung das Zitat: „Ich glaube an das Schöne in uns Menschen/Und an den deutschen Wald."
11,1: **Dann senkt sich langsam ...** – Langsam senkt sich ...
11,3: **durchs Haus** – durch das
11,9f.: **die/stürmende, drängende** – gestrichen!

Was von diesen Änderungen redaktionellen Ursprungs ist und was vom Autor selbst noch eingebracht wurde, lässt sich nicht sagen.

Zur Rezension des „Dunklen Punkts"

Der Textzeuge zur Grazer Aufführung des „Dunklen Punkts" ist ein mittlerweile stark verblasstes Bleistiftmanuskript in der Länge von vier Seiten; im Format entspricht das Blatt, auf dem die Niederschrift erfolgte, einem gefalteten DIN-A4-Blatt.

Die Zeile 2,1 hat im Manuskript die folgende Gestalt:
ihren Eltern findet der p der pretentiöse
Diese offenkundige Verschreibung des Autors wurde bei der Wiedergabe des Textes stillschweigend berichtigt.

Zur Rezension der „Kindsmörderin"

Der Textzeuge zur Besprechung „Kindsmörderin" hingegen ist ein gut leserliches Bleistiftmanuskript auf gefaltetem Konzeptpapierbogen.

Die Zeile 2,10 lautet im Original wie folgt:
Kameraden v. Hasenpfoth gehorcht schleppt

Der originale Wortlaut zu Beginn von 3,30 lässt sich als Schreibfehler des Autors interpretieren:
Die , die Abschiedsszene …
Im Sinne der besseren Lesbarkeit wurde auf die Wiedergabe dieses Fehlers verzichtet.